DIÁRIO DE UMA AUSÊNCIA

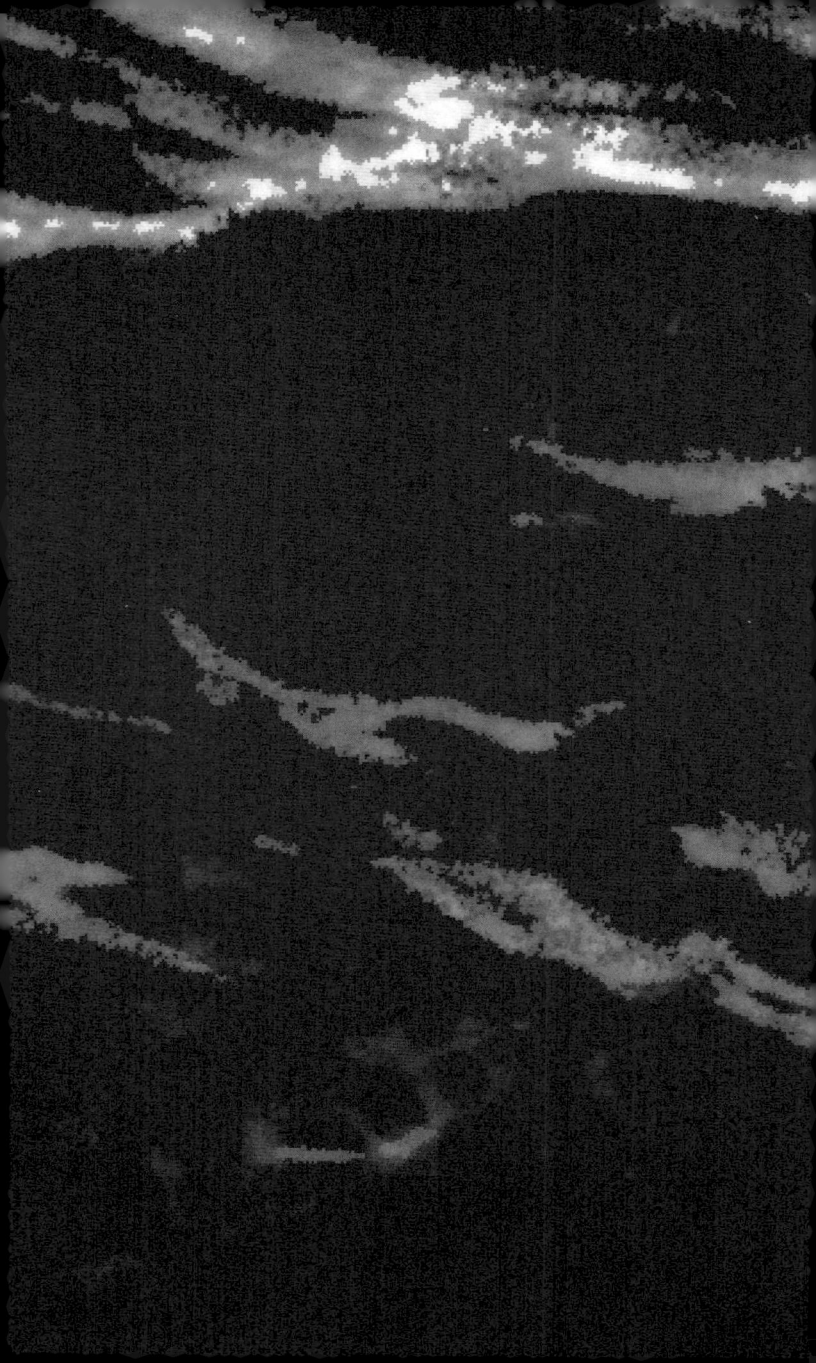

FLÁVIA MARTINS DE CARVALHO

DIÁRIO DE UMA AUSÊNCIA
Fragmentos de memória

REFERÊNCIA

Diário de uma ausência: fragmentos de memória
Copyright© Flávia Martins de Carvalho, 2025
Copyright© Editora Mostarda, 2025
Todos os direitos reservados.

Parte da renda obtida com a venda deste livro será destinada ao Hospital de Câncer de Pernambuco (HCP)

Direção:
Pedro Mezette
Fabiana Therense

Editora:
Letícia Teófilo

Projeto gráfico, capa e diagramação:
Gustavo Cardoso

Foto da autora:
Gabi Leite

Dados Internacionais de Catalogação na Publicação
(CIP) de acordo com ISBD

Carvalho, Flávia Martins de

   Diário de uma ausência : fragmentos de memória / Flávia Martins de Carvalho. Sumaré,SP : Mostarda, 2025
   168 p.

   ISBN: 978-65-5268-031-0

   1. Autoajuda 2.Luto I. Título.

                                                         CDD 158.1

Bibliotecário responsável: Oscar Garcia - CRB - 8/8043

Índice para catálogo sitemático:
1.   Autoajuda 158.1

Para Maria de Fátima Martins de Carvalho,
a melhor mãe do mundo

in memoriam

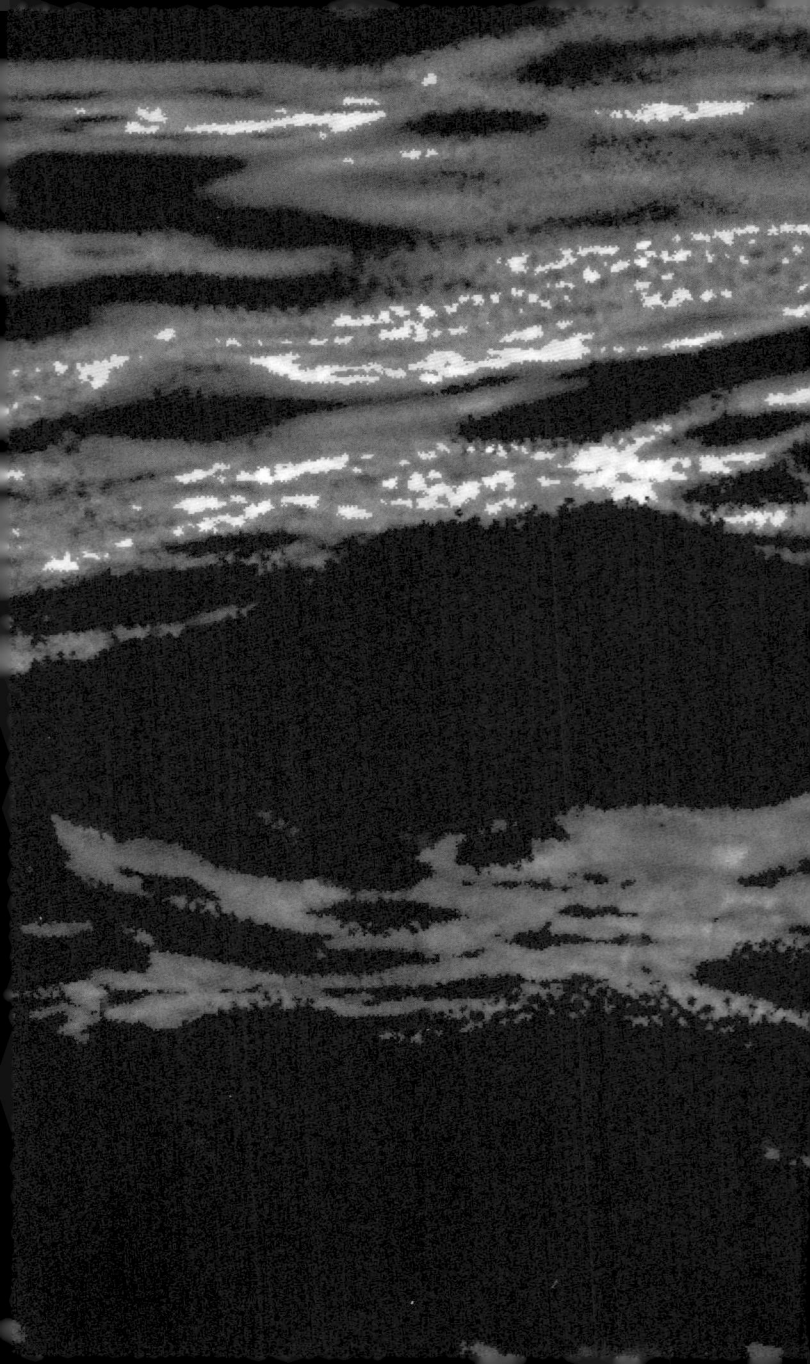

"E estou sozinha com minhas pobres palavras e com minhas frases, na página do caderno, tecendo e retecendo a mortalha do seu corpo ausente."

Scholastique Mukasonga
em A mulher de pés descalços

SUMÁRIO

10 | Sempre alerta!

18 | Faz uma semana que não saio de casa.

20 | Ontem, abrimos gavetas e armários.

22 | É domingo.

24 | Chegaram flores.

28 | Encontrei uma pasta cheia de fotos.

32 | As flores ainda estão na sala.

36 | Chegou o sofá.

40 | Fim de semana do Dia dos Pais.

44 | Cheguei a São Paulo.

48 | Mãe, hoje eu virei doutora.

52 | Voltei ao trabalho.

56 | Morreu a mulher mais velha do mundo.

62 | Recebi uma mensagem no celular.

68 | No último mês, eu estava por perto.

72 | Entrei no banheiro do aeroporto.

76 | Amo ler.

80 | Hoje seria aniversário do Leo

84 | Mais um domingo.

88 | Parei de rezar.

92 | Faz três meses que eu choro todos os dias.

98 | Há muito a fazer, apesar de ser domingo.

102 | Dia de Finados.

108 | Cheguei de viagem.

112 | Meu braço está doendo.

118 | Eu tenho conquistado muitas coisas.

122 | Um raro fim de semana livre.

126 | É Natal.

130 | Penso sempre nos seus últimos dias.

136 | Fugi.

142 | A vida em curso.

146 | Reservei um tempo para caminhar.

150 | Na volta da cachoeira, encontrei uma cobra.

154 | Depois da cobra, permaneci no caminho.

158 | Seis meses sem você depois de meio século juntas.

164 | Pós-escrito

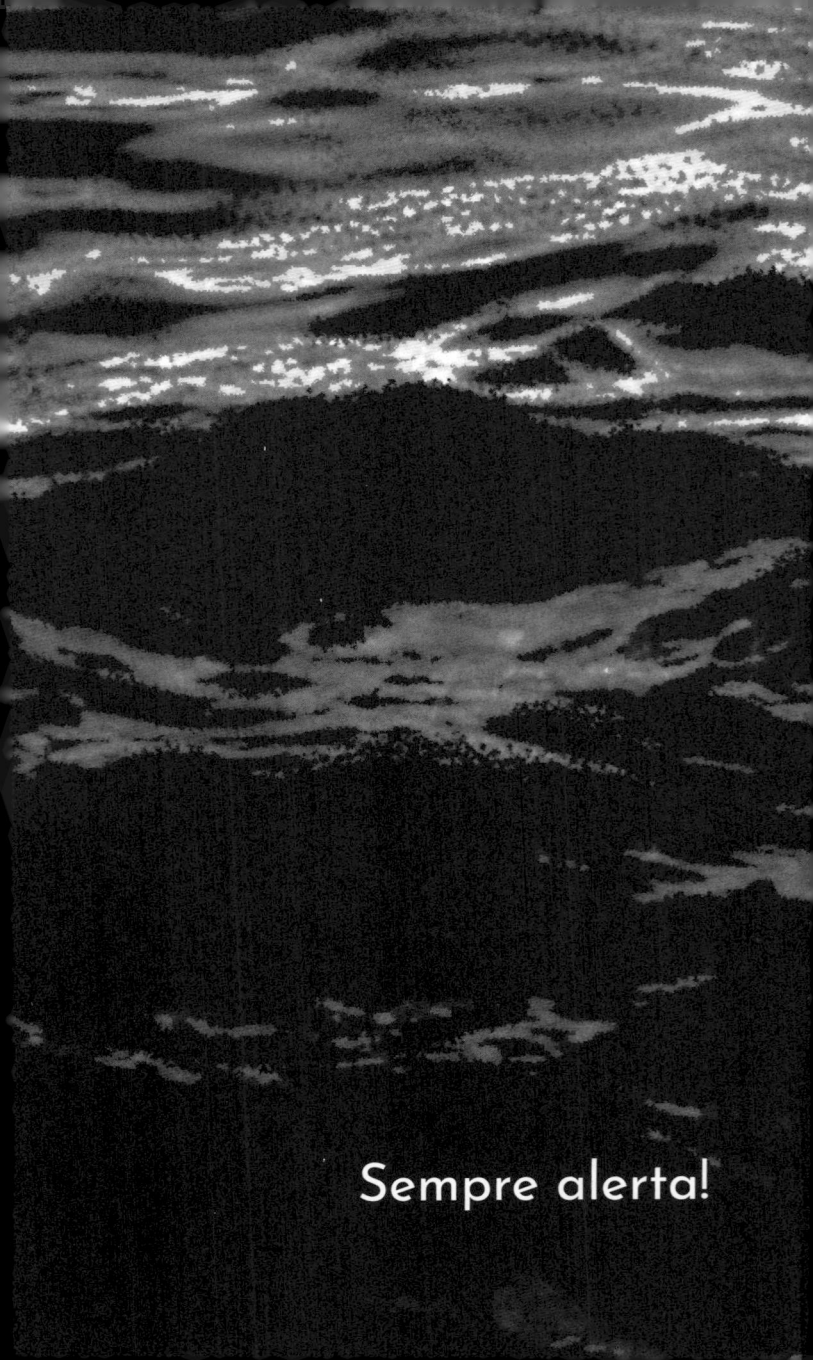

A morte rondava a rotina de meu pai. Inúmeras vezes eu o vi acordar sobressaltado, perguntando o que estava acontecendo, enquanto nós rapidamente respondíamos que estava tudo bem, na tentativa de acalmá-lo e permitir que voltasse a dormir, apesar do perigo à espreita. Sua escala de trabalho era de vinte e quatro horas de serviço para quarenta e oito horas de descanso. Nos dias de folga, costumava cochilar no sofá durante a tarde, período preferido das crianças fazerem barulho, o que nos rendia alguns puxões de orelha.

Ele não contava sua rotina de trabalho em casa, não chegava e comentava como foi o dia, nem falava das coisas que fizera ou deixara de fazer durante o expediente. Apenas chegava e isso já era o bastante. Ainda assim, em algum momento da infância, assimilei o fato de que ele enfrentava os perigos da rua e passei a temer por sua segurança. Se ele atrasava, eu rezava. Não tinha – e continuo não tendo – religião. Mas tinha fé! E a fé me fazia acreditar que ele voltaria, mesmo mais tarde, mesmo atrasado. Não sei se por força das minhas orações, mas ele sempre voltou. Nem todos os policiais militares têm a mesma sorte. A violência faz vítimas de todos os lados. Hoje, aposentado, ele consegue dormir mais tranquilo, e os sobressaltos, ainda presentes, são raros.

Foi somente depois de me tornar juíza que encontrei com meu pai em seu ambiente de trabalho. Em um feriado prolongado, peguei uma pilha de processos criminais para sentenciar naqueles dias de descanso negligenciado. O trabalho acumulado deixava meu sono tão agitado quanto o de meu pai antes da aposentadoria. Atuava em uma cidade pequena, onde as testemunhas dos crimes eram quase sempre os mesmos policiais, aqueles que fazem o patrulhamento de rotina e que atendem as diversas ocorrências que chegam pelos canais institucionais da Polícia Militar.

Coloco-me diante de um computador, disposta a cumprir as metas de produtividade, acompanhada apenas de um café. Abro o primeiro processo: um irmão matou o outro esfaqueado, ambos dependentes de drogas. Os policiais foram chamados ao local logo depois do crime, onde encontraram um corpo ensanguentado, a casa repleta de vestígios e um cenário de horror. Em outro, os mesmos policiais atenderam uma ocorrência de violência doméstica, cujo desfecho foi um feminicídio na presença das crianças, filhos do ex-casal. Na sequência, apreensão de adolescentes em local conhecido pelo tráfico de drogas. Estariam os meninos-homens traficando ou seriam apenas usuários? Apenas? Quem se importa com o fato de que eles nem deveriam estar ali? Todos serão conduzidos à delegacia. Trabalho para os mesmos policiais, que seguem até o fim do expediente testemunhando os efeitos dos nossos fracassos enquanto sociedade.

No depoimento das testemunhas-policiais não parecia haver qualquer emoção, apenas relatos de uma fria rotina de trabalho. A maneira como aqueles policiais lidavam com as tragédias do cotidiano, sem esboçar sentimentos, provocava em mim um grande incômodo. No entanto, ao deslocar meu olhar para o raio de visão deles, entendi o porquê de meu pai ter um sono tão agitado e de nunca falar sobre seu cotidiano no patrulhamento. Policiais, profissionais da área de saúde, membros do sistema de justiça, pessoas que têm a dor do outro — e por que não dizer a dor de si? — como parte de suas rotinas de trabalho parecem levados a usar uma armadura emocional, uma espécie de ferramenta necessária a fim de manter uma distância segura das mazelas a que estão expostos. Servidores públicos sisudos, de poucas palavras e um tanto truculentos talvez tenham encontrado nessa performance um modo de vestir suas fardas-uniformes e enfrentar as ruas-hospitais-tribunais sem sucumbir diante da própria impotência.

O distanciamento emocional também faz vítimas. Não por acaso, muitos desses profissionais estão em estado de adoecimento mental. No julgamento de Nuremberg, questionado sobre como conseguia conduzir judeus para os campos de concentração sabendo que seriam mortos, o servidor público Adolf Eichmann foi capaz de responder, sem qualquer emoção aparente, que estava apenas cumprindo ordens. A banalidade do mal, como nomeou Hannah Arendt, parece fincar raízes nos campos áridos em que não há espaço para o cultivo de afeto. Por isso, o recrudescimento emocional produzido por rotinas de exposição a intenso sofrimento pode trazer consequências danosas tanto para o indivíduo quanto para a sociedade.

O desafio é permanecer humano quando a vida insiste em nos desumanizar. Não tenho fórmulas mágicas e nem respostas simples para algo tão complexo, mas desconfio que, seja qual for a solução — se é que há alguma —, ela passe pelo reconhecimento de que precisamos deixar a armadura de lado para sentir dor, não apenas a nossa, mas também a do outro. Isso nos mobilizará coletivamente para evitar o sofrimento próprio e do próximo. É, sem dúvida, quando nos tornaremos mais vulneráveis, sobretudo diante daqueles que almejam destruir as frágeis e estreitas pontes capazes de nos conduzir a um mundo mais justo e igualitário. Tenho apostado na potência da literatura para essa tarefa, por isso, sigo escrevendo, até quando me dói. Passei a infância e boa parte da adolescência temendo perder meu pai de maneira violenta. Felizmente, a tragédia não o encontrou. Com o tempo, compreendi que o medo faz parte da vida, assim como a morte, embora não se deva temer qualquer uma delas.

Nunca, em nenhum momento, nem por hipótese, considerei a partida da minha mãe. Por ela, eu nunca rezei com o mesmo fervor. Pedia por ela como se pede por todos aqueles a quem amamos, mas não havia necessidade. Ela andava de mãos dadas com Deus, e eu sabia disso, porque quando ela rezava, Ele sempre atendia. As orações dela me fizeram passar no vestibular, impediram que eu batesse com o carro quando dirigi pela primeira vez, fizeram com que eu sobrevivesse ao primeiro porre e me tornaram juíza, entre outros milagres. Não me preocupava quando ela saía de casa, porque assim como o Sol voltaria a nascer, ela retornaria segura. Ainda que eu soubesse que todas as pessoas morrem um dia, no meu campo de possibilidades, eu afastava qualquer mau pensamento sobre o que de ruim pudesse acontecer a ela. No meu mundo interior, a morte encontraria minha mãe bem velhinha, como se espera acontecer a todas as pessoas que desenham nossa vida com seus traços de amor.

Pudesse, sequer sairia da cama, mas há compromissos a cumprir. Acordar, tomar banho, café, sair, seguir, ser minimamente funcional. Como se nada tivesse acontecido. Como se nada. Nada é a palavra que me define, é o que sobrou de mim, é minha vontade. Vontade. de. nada.

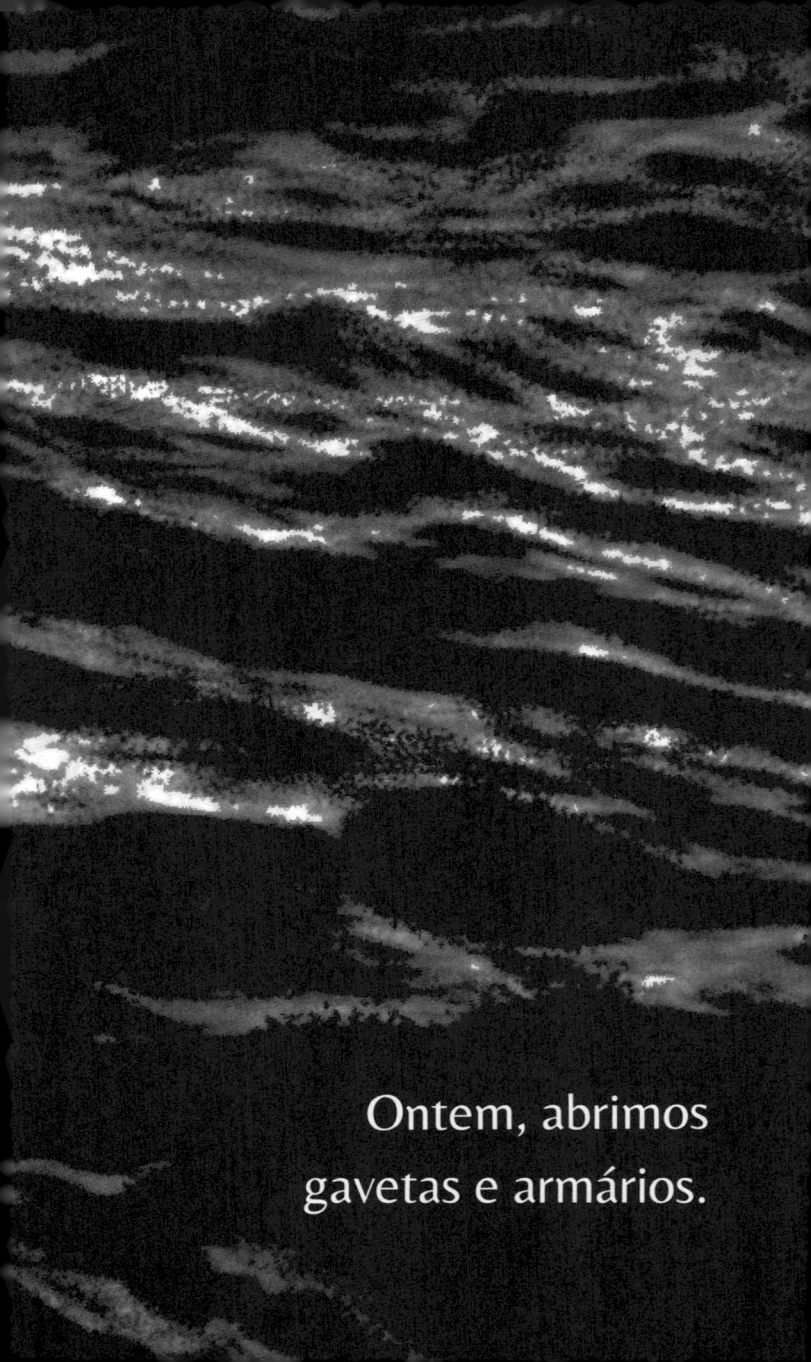
Ontem, abrimos gavetas e armários.

Retiramos tudo e repartimos, eu, Alessandra e Viviane, as melhores irmãs que você poderia me dar. Algumas coisas pegamos, outras, separamos para doação. Eu quis uma blusa que não me cabe, mas que você usava muito. Tentei sentir o seu cheiro nela, o calor, a sua presença naquela peça de roupa. Depois, segui olhando montes de papéis, que deveriam ficar tão triturados quanto eu me sinto nesse momento. Você sempre nos advertia sobre os riscos do descarte descuidado, afinal, você era só cuidados. Cada anotação de uma conta a pagar ou o telefone de alguém que faz conserto, em um bloquinho amarelado, trazia a lembrança do seu jeito de organizar as coisas, organizar a vida, de nos organizar. Agora, somos só desorganização.

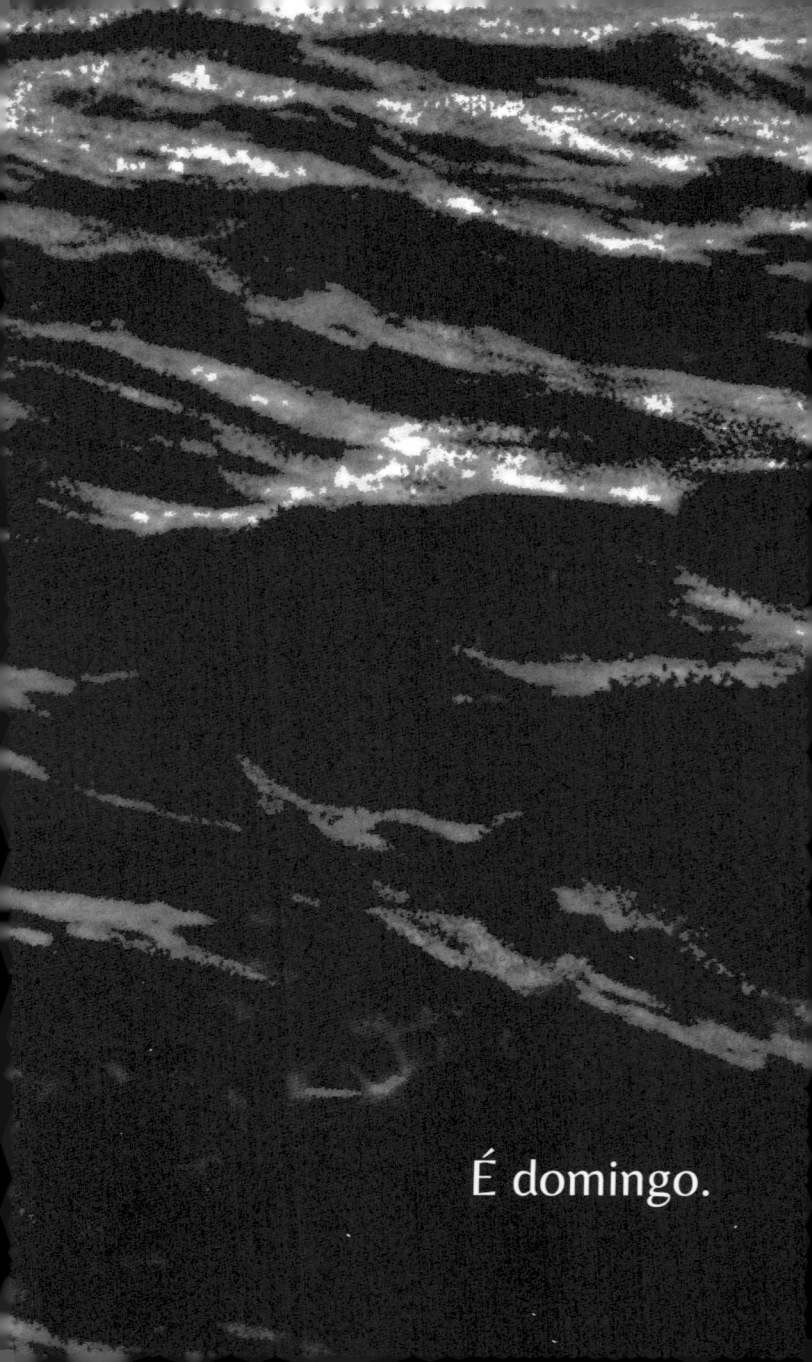

Cadê a agitação para receber os que virão almoçar? Não é preciso ir ao mercado abastecer os armários e abarrotar a geladeira, na expectativa de ter mesa farta para as crias que estão por chegar? Sua falta será sentida nas grandes datas comemorativas, mas é nas pequenas e cotidianas frações dos dias que ela se torna ainda mais aguda.

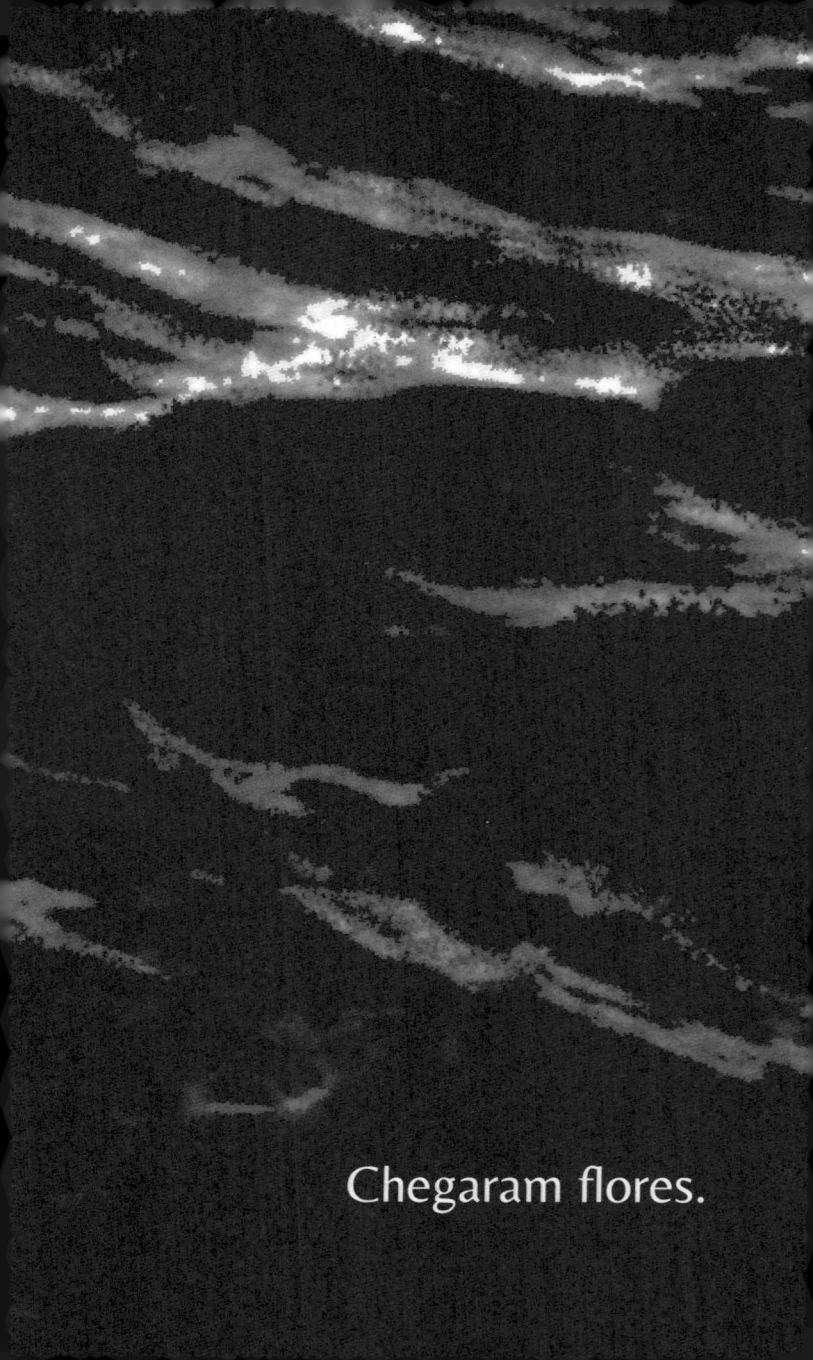

Uma amiga mandou, talvez preocupada com a minha falta de disposição para toda e qualquer coisa. Também foi dia de pagar as contas. Meu pai veio com os boletos e o celular. Não sabe usar o meio digital. Eu estava no quarto. Sentou-se silenciosamente na cama, enquanto eu permanecia no computador fingindo algo importante. Começou a reclamar do quanto você centralizava tudo e fazia todos os pagamentos. Depois, da aparente irritação, desabou em um choro sentido de saudade e de certeza de que não sabe viver sem você.

Nem ele, nem nós.
Estamos forçosamente tentando aprender.

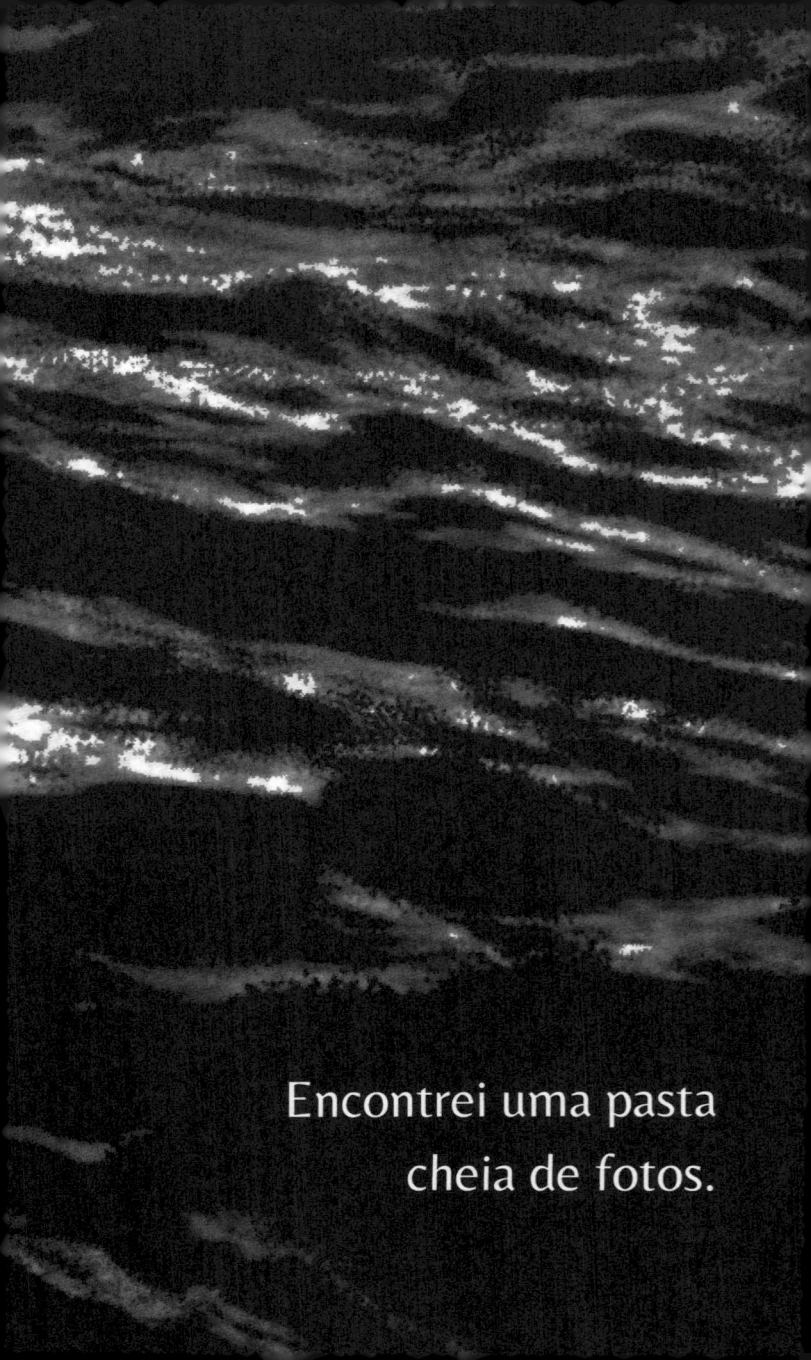
Encontrei uma pasta cheia de fotos.

Recortes de nossos momentos. Aniversários, praias, encontros, Natais, dia a dia. A maior parte eram fotos antigas, de um tempo em que se levava o rolo de filme para revelar e, dias depois, recebia um envelope cheio de papéis com as imagens. Em cada foto, uma surpresa. Lembro-me de uma na praia. Eu e Telma esticamos nossas toalhas na areia, nos deitamos com a bunda para cima, os chinelos na frente, óculos escuros, cabelos indomáveis cobertos de sal e areia, você de costas para o mar e pronta para o click. Pedimos para bater rápido porque o Sol nos ardia os olhos. Assim você o fez. Reveladas, só saíram uma grande faixa de areia, os chinelos e as nossas mãos cruzadas na frente das cangas. Sabíamos quem estava na foto porque o momento foi registrado na memória, mas nem os nossos rostos você conseguiu enquadrar. Suas fotos não eram as melhores, no entanto garantiam as melhores risadas, quando ainda não havia a possibilidade de se deletar o registro até acertar o tom. Aberta a pasta esquecida em uma gaveta, comecei pelas mais recentes, quando a doença já havia levado boa parte da nossa alegria, até chegar aquelas em que parecíamos bem mais felizes, quando o desconhecimento sobre o futuro ainda nos permitia sorrir de maneira inconsequente.

De fato, a ignorância é uma bênção.

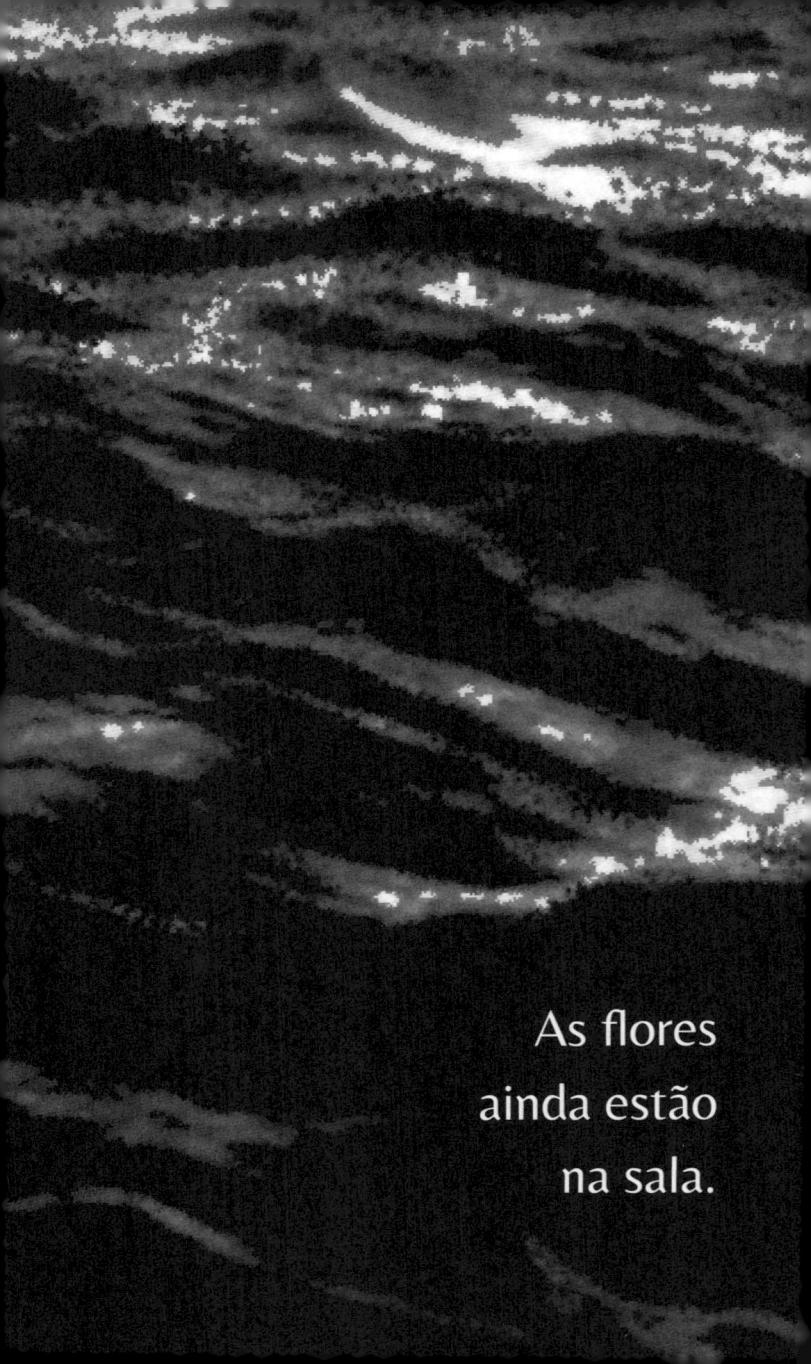

Parece que vão viver para sempre, mas é uma eternidade ilusória. Sabemos que não vão, porque a morte faz parte de tudo o que tem vida. Chega a ser irritante, em certa medida, que elas ainda estejam aqui e você, não. A partida é inevitável, porém, o bilhete foi entregue a você prematuramente. Essa viagem também nos atingirá um dia, inclusive às flores, por mais que insistam em enfeitar a sala como se fossem eternas. Você costumava dizer: "Vamos cuidar da vida porque a morte é certa". Essa certeza, que reúne medo e esperança, é o que nos move e o que nos dá ânimo para prosseguir, até o dia em que não precisaremos seguir mais. Rego as flores com minhas lágrimas. Estão vivas e é preciso que sejam cuidadas. Nós também, mas quem assumirá essa tarefa, antes tão bem executada por você?

Cada um por si?
Não.
Há um fio que nos une em cada nó da vida.
Você é o fio que nos faz nós.

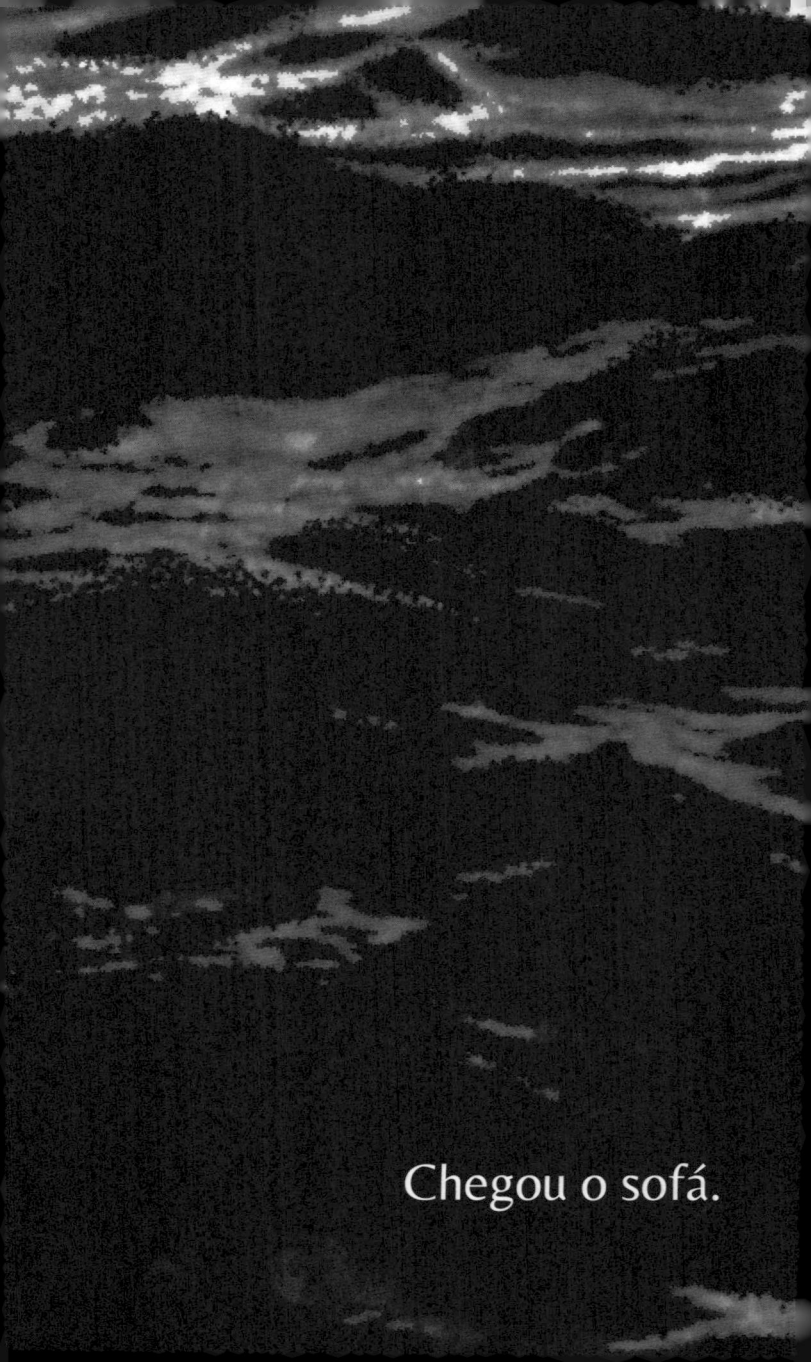

Você insistiu que o comprássemos. Os cachorros adoraram. É menor do que o outro, não muito, mas é, tal como você queria. Colocamos na sala, mas demoramos a nos sentar. Era seu, não nosso. Agora está lá, marcando o seu lugar no meio da sala.

Uma ausência que se faz presente
como nenhuma outra.

Fim de semana
do Dia dos Pais.

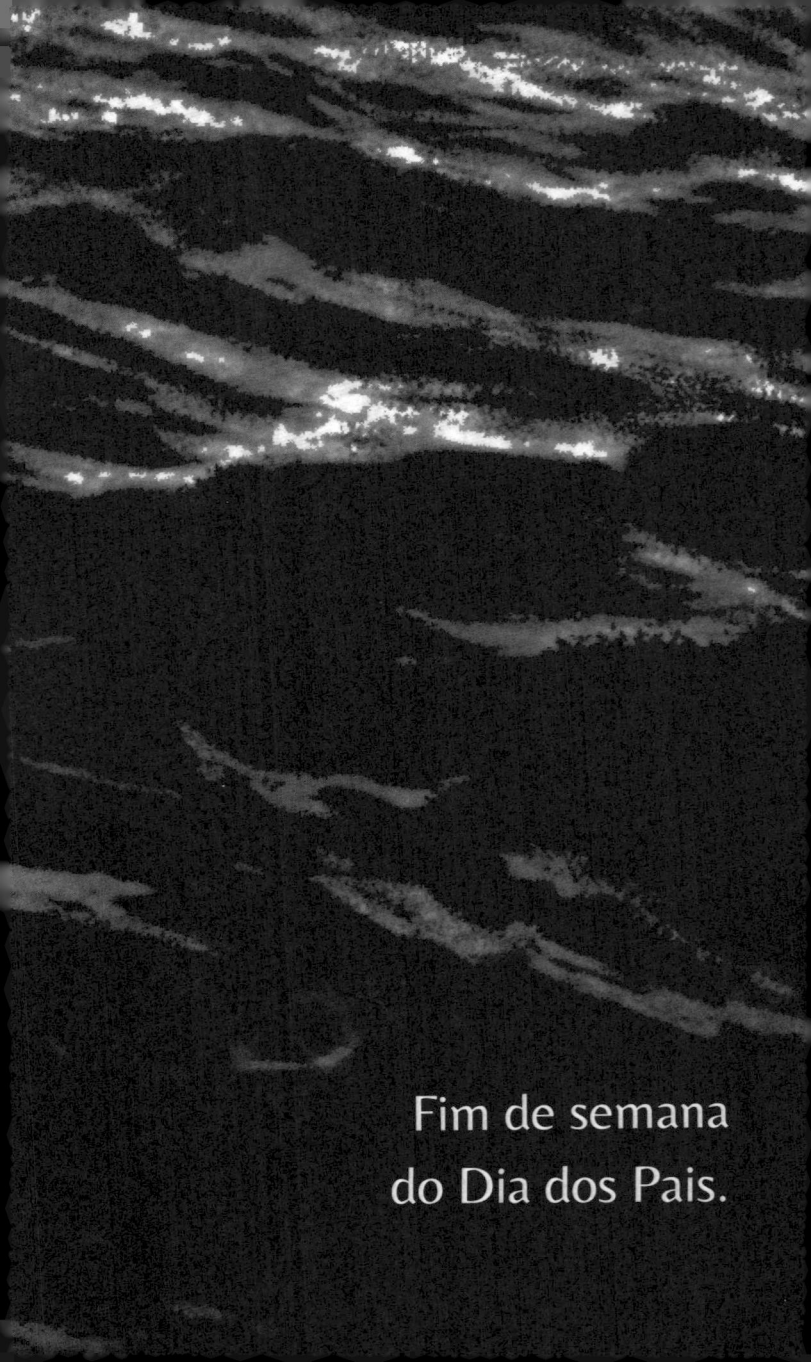

Estamos fazendo um esforço enorme para não sofrer. Impossível dar conta dessa tarefa. Viajamos para bem longe da dor. Experimentamos um lugar novo, que nos afastasse das lembranças. À noite, no hotel-fazenda, teve show. Cantaram todas as músicas que você gostava. Dançamos, comemos, bebemos, choramos e, em sua homenagem, vivemos momentos felizes.

A morte nos prova que é possível
rir de alegria e chorar de dor
simultaneamente.

Cheguei a São Paulo.

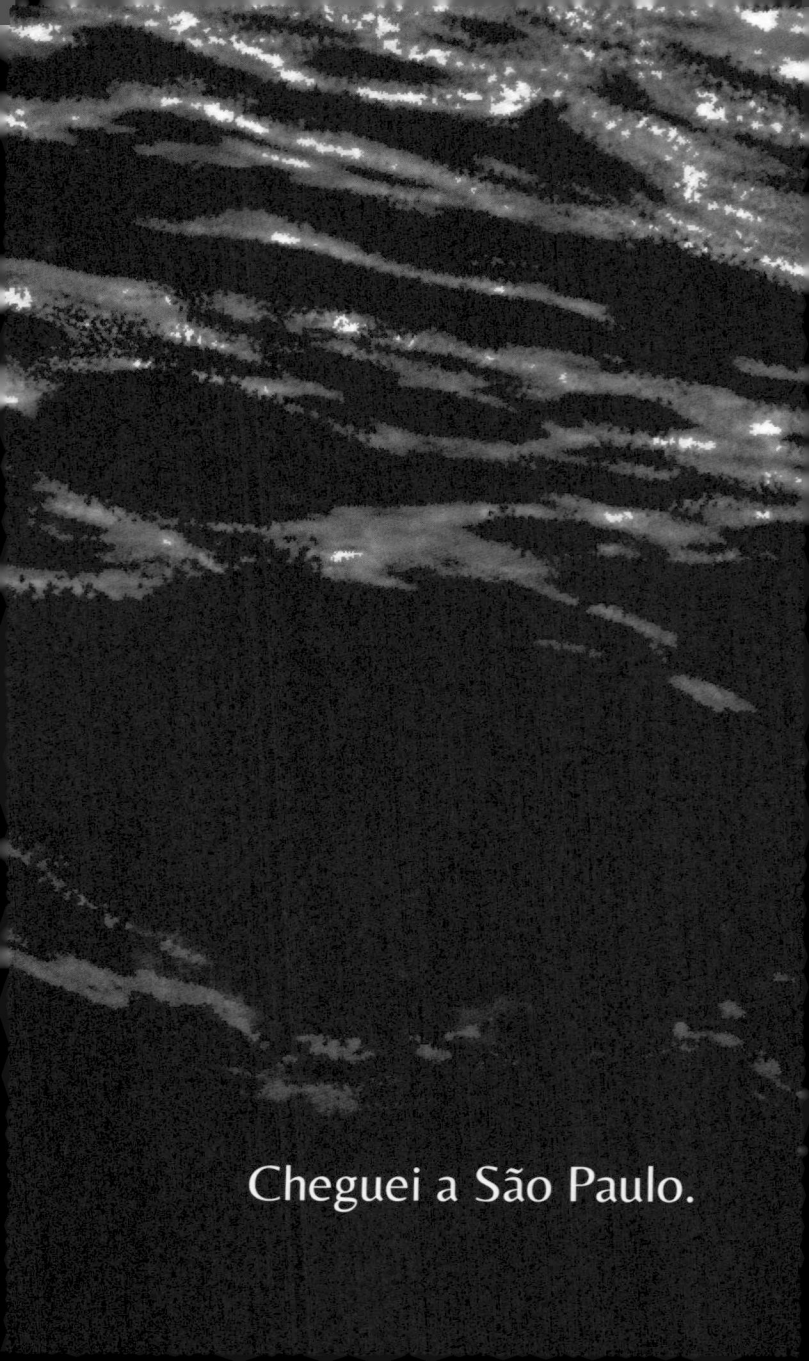

Vim para a defesa da tese. Eu achava que você partiria depois desse dia, que esperaria eu virar "dotôra" para só então se despedir. Mas você foi antes, sem me assistir encerrar essa etapa. Era para ser um dia importante, mas, agora, que importância tem? Fui ao shopping, comprei uma roupa bonita e um batom forte. Sei que se me visse hoje, carregando o peso da alma que se arrasta pelo chão, você diria:

"Deixa de ser boba, garota!
Vai lá fazer o que tem que fazer.
Não deixa as suas coisas por minha causa, não.
Eu heim".

Quase posso te ouvir falar. Prometo que vou tentar. Vou vestir a roupa nova e passar batom para disfarçar a dor. Eu vou tentar, mãe. Vou tentar ir. Vou tentar seguir. Vou tentar sorrir. Mesmo depois da morte, como foi durante a vida, honrarei seu nome e farei tudo por você.

Mãe,
hoje eu virei doutora.

Agora sou doutora com doutorado,
doutora de verdade.

Eu sei que você não sabe bem para que serve isso. Eu também não. Mas é só para você saber que eu consegui.

Te amo e obrigada por tudo!

Voltei ao trabalho.

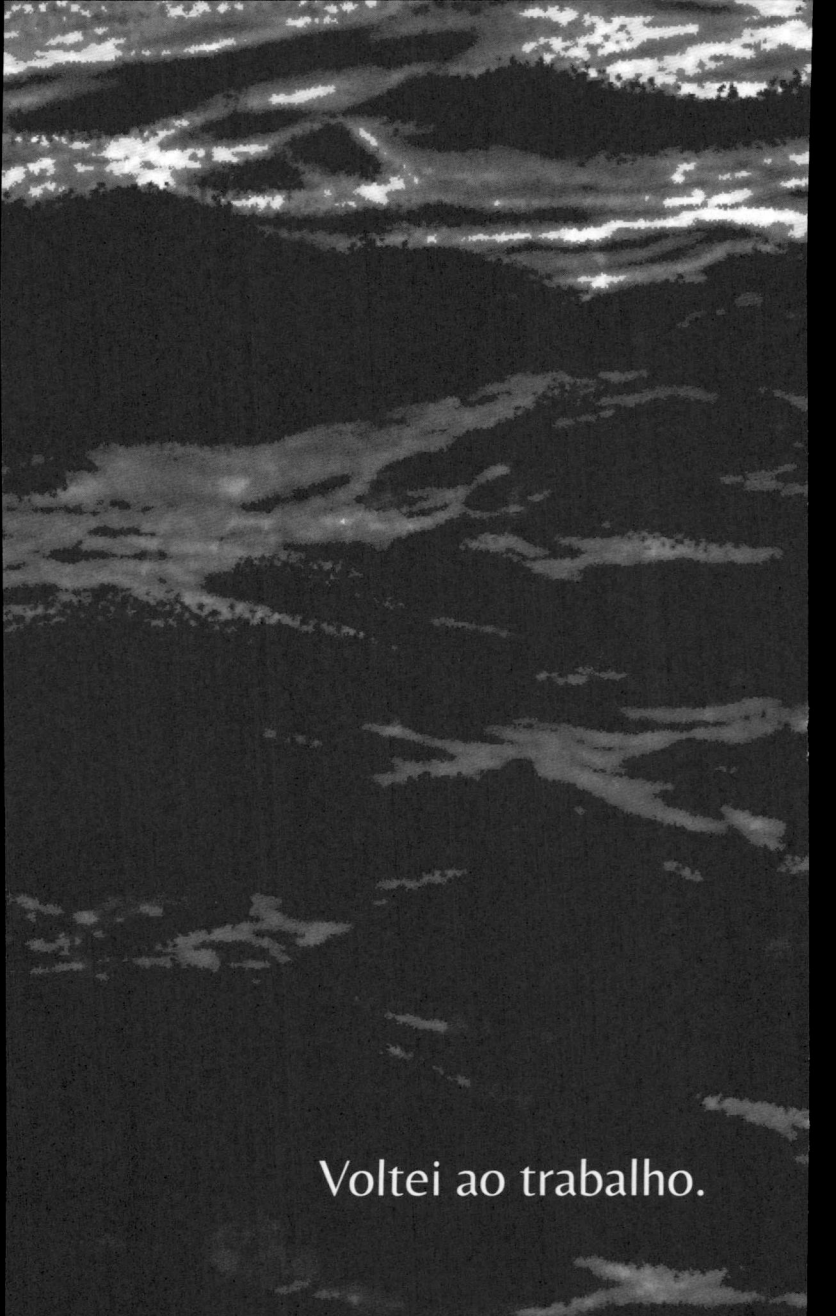

Não foi fácil retomar a rotina. O contato com as pessoas foi profundamente incômodo. Elas queriam conversar, abraçar, oferecer afeto, e eu só queria sair dali e não ter que falar com ninguém. Eu sei que é o jeito delas de demostrarem o quanto se importam, mas, no primeiro abraço, desmoronei. Foi um dia muito angustiante. Cheguei ao final do expediente do modo que deu. Quantos dias mais serão assim? Quando peguei o carro na direção de casa, a saudade bateu de um jeito desesperador. Era a hora de ligar para você, de mandar mensagem para saber como foi o dia, se estava tudo bem e se tinha alguma novidade. É um impulso quase automático pegar o telefone para chamar por você e é uma dor dilacerante perceber que não há mais essa possibilidade. Em casa...

...eu só queria poder dormir para sempre, avançar até chegar a um tempo em que não haja mais tanta dor...

entretanto esse momento só existe no passado. Não é uma tendência ao suicídio, ou talvez seja, não sei, mas não penso em me matar. Quero é não ter mais que pensar, sentir, sofrer. A solução seria adormecer para sempre. Quem sabe essa não era a vontade da Bela Adormecida? Vou dormir cedo porque amanhã, ainda que não seja possível afirmar, provavelmente acordarei. E se isso acontecer, terei muito trabalho pela frente. Feliz era a Bela Adormecida antes de ser arrancada de seu sono profundo contra sua vontade.

Morreu a mulher
mais velha do mundo.

Li sobre isso em algum lugar. Por que a algumas pessoas foi dado o direito de viver mais do que você? Por que pessoas de vidas inúteis vivem tanto tempo e você, tão necessária às nossas vidas, partiu tão cedo?

Que critério é esse,
que dá a alguns pouco tempo
e a outros, tempo demais?

Você sempre cuidou da saúde. Exames em dia, pressão controlada, alimentação regrada, remédios em ordem. Tudo isso para quê, se a doença maldita veio e te levou de forma tão arrebatadora, sem margem para qualquer tipo de negociação? Passei a notar com mais atenção a idade em que as pessoas morrem. Se partem com mais de setenta, eu acho um desaforo.

Agora,
tenho raiva de todo mundo
que vive mais do que você.

Delfim Neto, ex-ministro do período da ditadura, morreu aos noventa e seis anos. O humorista Paulo Gustavo, que fazia boa parte do país sorrir, aos quarenta e três. Definitivamente, a vida não é justa!

Recebi uma
mensagem no celular.

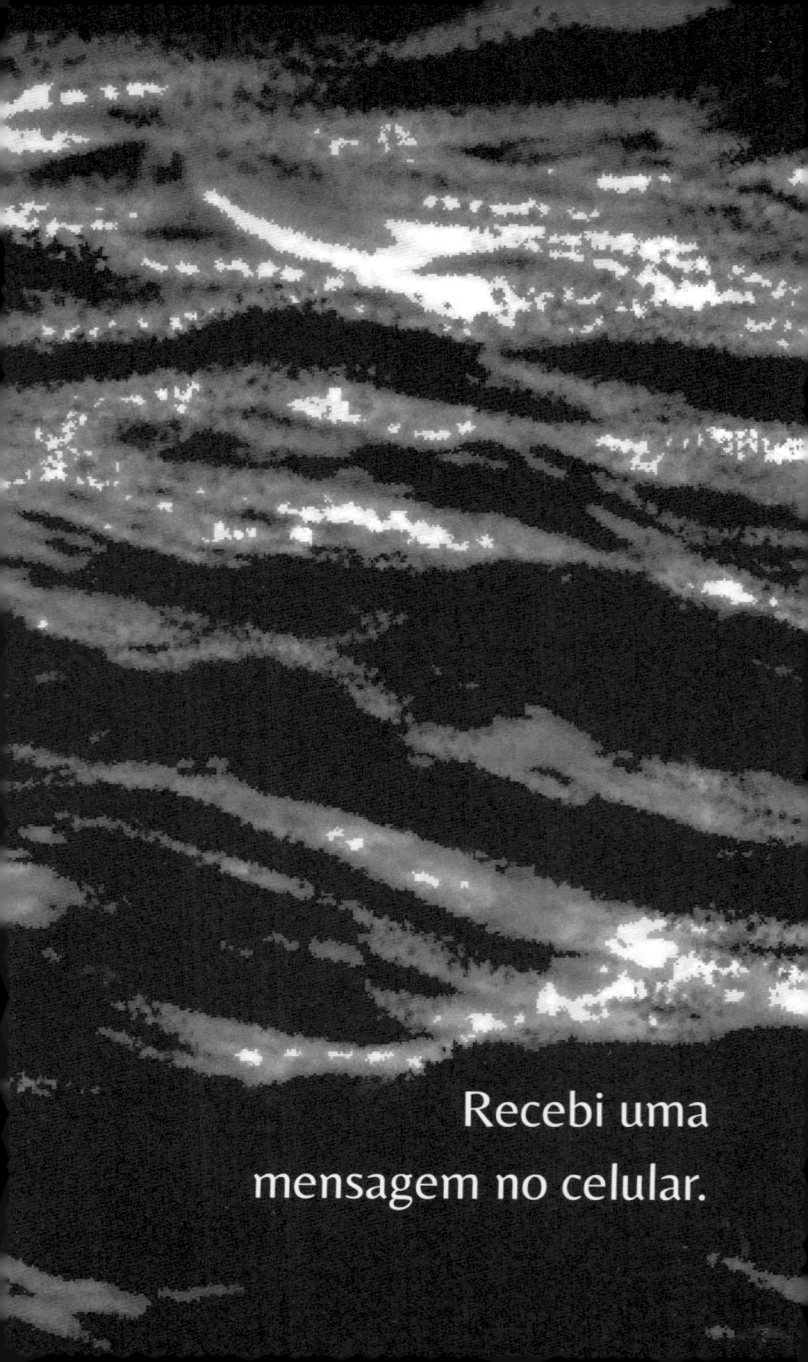

Era a foto de um bebê com a frase: "Oi, tia Flávia. Boa noite". Sorri ao ver que, com menos de dois meses, o pequeno parecia levantar o pescoço para assistir à TV, como registrado na imagem capturada pela mãe. O pai foi quem me enviou. Talvez orgulhoso da façanha do pequeno, talvez confiando no fato de que era impossível não se alegrar com a cena. Logo pensei em compartilhar com você, que ficaria surpresa e incrédula. Depois, responderia com um áudio dizendo que os bebês de hoje não são como os da sua época, que demoravam até para abrir os olhos.

Uma fração minúscula de tempo separou
o desejo da partilha
e a lembrança da ausência.

Eu simplesmente esqueci, por um instante, que não era mais possível te enviar qualquer mensagem. Nesse descuido da memória que me jogou no passado, fui feliz como antes.

Durou alguns segundos,
mas foram os melhores segundos
da minha vida desde a sua partida.

No último mês,
eu estava por perto.

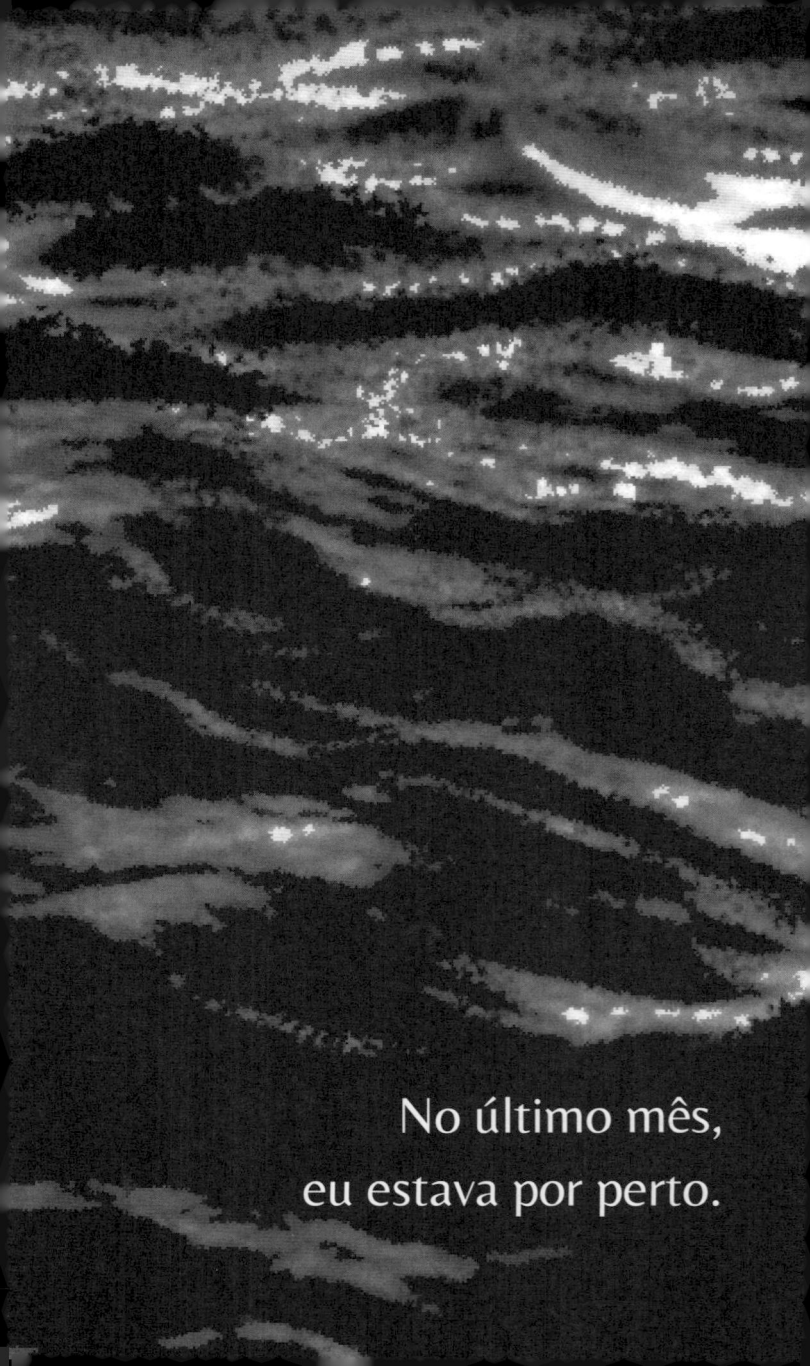

Apesar de morar longe, por uma coincidência do destino ou por misericórdia do Universo, pude estar contigo em seus últimos trinta dias de vida. Não foi um período fácil. Ao contrário, nas madrugadas de crise, inúmeras vezes eu clamei aos céus por socorro, imaginando que você partiria em meus braços. Meu pai, que pelos mistérios divinos, pressente a proximidade da morte, havia me dito: "Disseram que se ela for para o hospital, não volta". Ainda assim, vendo você desfalecer, considerava levá-la ao hospital. Você recusava, e eu respirava aliviada por saber que ainda não era a hora. Na última tarde antes de sua partida, você piorou muito. A temperatura caiu e o corpo dava sinais de que logo não haveria mais calor. Sugeri o hospital, você aceitou. Na saída apressada, meu pai me reiterou: "Lembra da mensagem? Ela não volta". Engoli o choro. Na emergência, quando perguntamos sobre o quadro, a médica nos disse: "O passarinho está na janela. Ele vai voar a qualquer momento".

Trinta dias de olhos molhados
e de voo do passarinho que
construiu meu ninho.

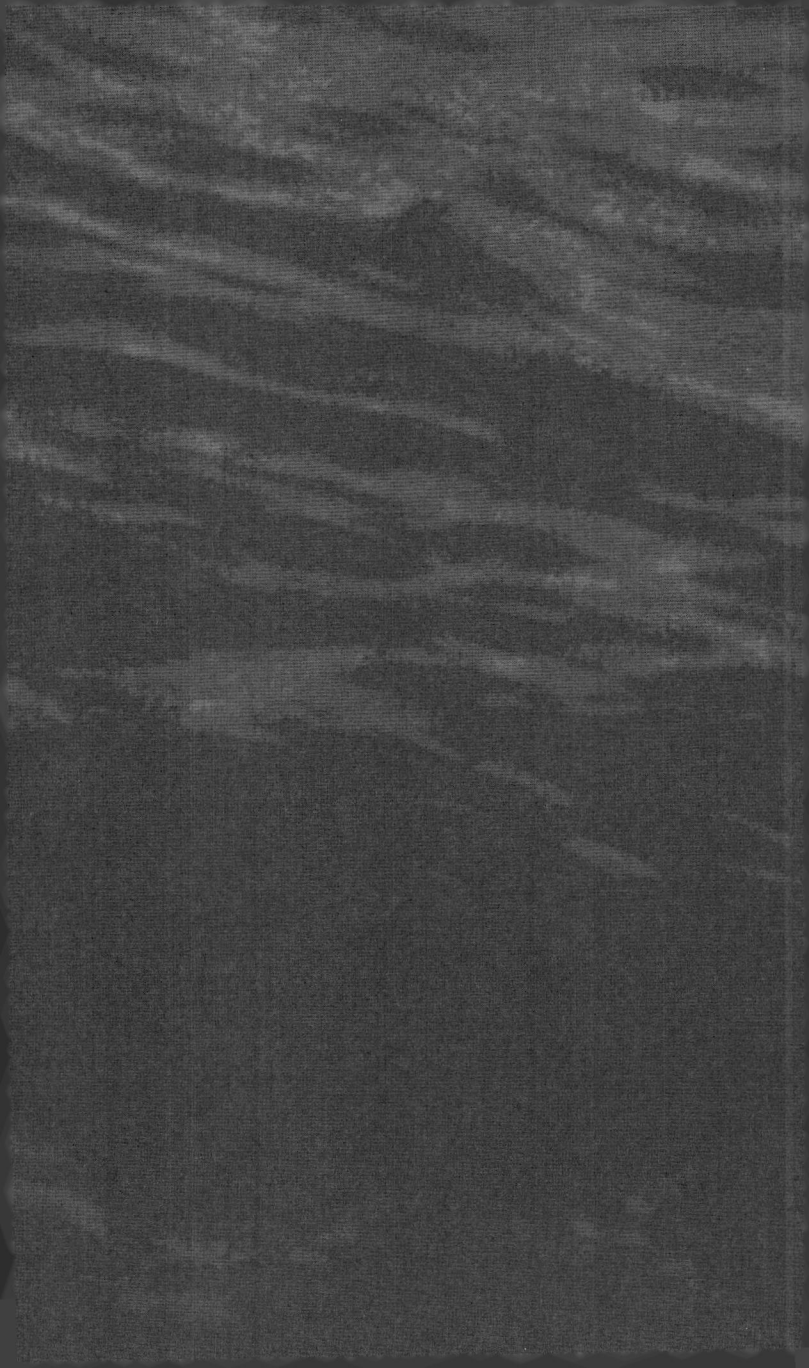

Entrei no banheiro
do aeroporto.

Estava voltando da Bienal de São Paulo. Foi em outra Bienal, a do Rio, no ano anterior, que nosso alerta se acendeu. Você havia perdido peso, estava bem magrinha, mas as lutas naquela época eram tão grandes que não nos demos conta. Leo estava em estágio terminal do câncer no cérebro, e você atravessava com ele e com a gente todo aquele mar revolto. Era esperado que seu corpo sentisse o peso da vida. Mas foi ali, na Bienal do Rio, que alguém comentou: "Flávia, achei sua mãe muito magra". Parei para observar. Estava mesmo. Senti um desconforto íntimo como se algo me dissesse que não era bom sinal. Tentei me tranquilizar. Intensificamos os exames, que já estavam em andamento por conta de uma anemia. Foram dias de angústia até o diagnóstico. Hoje, domingo, entrei no banheiro do aeroporto e uma jovem ligava para a mãe. Informou que estava prestes a embarcar. Avisou que logo chegaria. Encerrou com "Te amo, mãe".

Eu, que nunca fui de invejar ninguém,
tive inveja de alguém que eu nem conhecia.

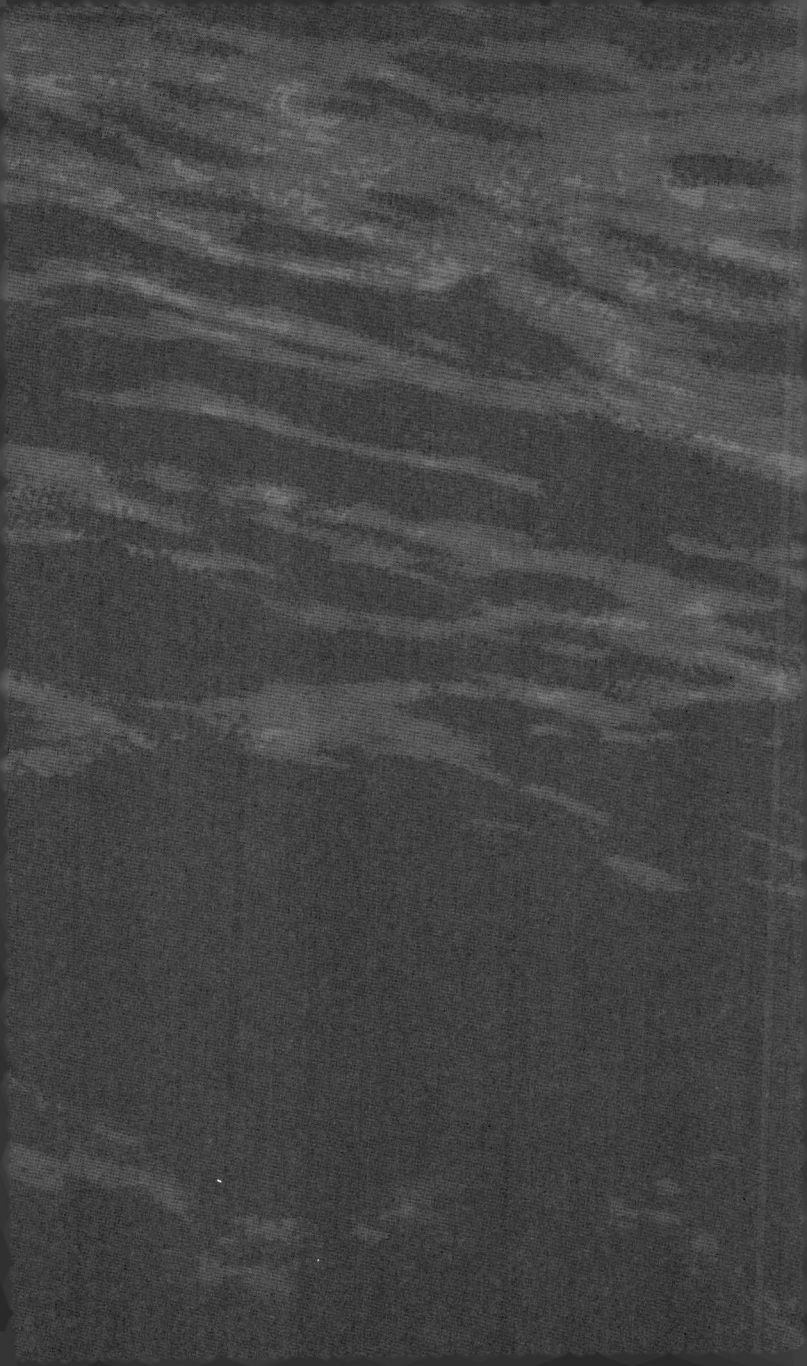

Amo ler.

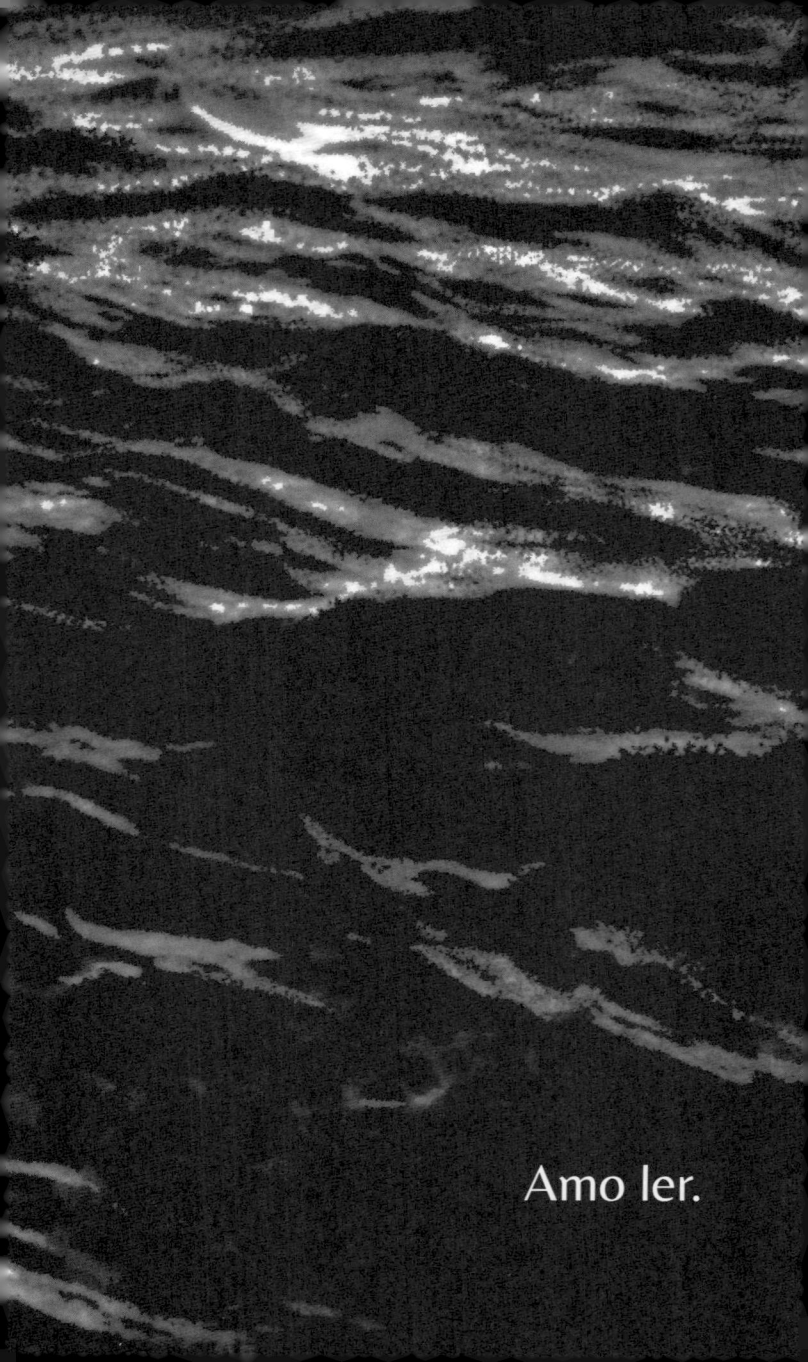

Estou lendo um livro cujo personagem descreve a imagem de sua avó dizendo que "a catarata deixava seus olhos azuis". Quanto mais assistimos a Terra dar voltas em torno do Sol, mais evidente se torna a finitude da vida. O avançar das estações nos faz enrugar a pele, perder a velocidade dos passos, enfraquecer a memória e mudar a cor dos olhos. Lembro-me de quando você descobriu o glaucoma. Passei dias imaginando como seria para você perder a visão. A doença colocou seu modo de ver o mundo em risco. A cirurgia evitou o pior. No entanto, seus olhos nunca puderam ficar azuis; seus passos seguiram ágeis; sua memória, invejável; no rosto, pouquíssimas rugas. Não houve tempo para os prejuízos da idade. Quantas velas mais sobre seu bolo eu pediria a Deus por você?

Eu deveria ter rezado antes,
agora é tarde.
Carregarei para sempre essa culpa,
que tento expurgar na escrita.

Hoje seria aniversário do Leo.

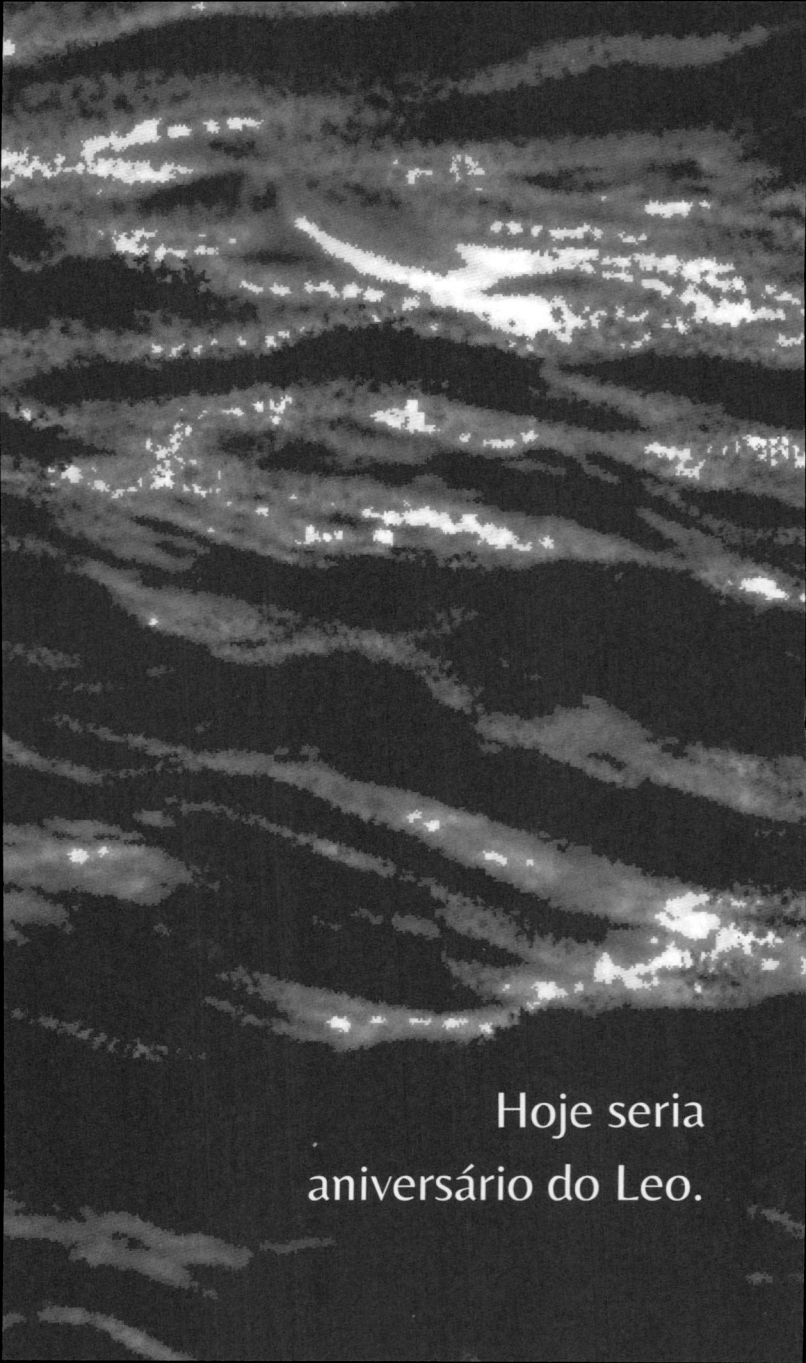

Também completo mais um ano de magistratura. Revi nossas fotos no dia da posse. Você não estava confortável, embora feliz. Vestia uma roupa formal e usava um sapato de salto baixo com o qual seus pés não estavam habituados. Era incômodo, eu sei. Fez esse esforço para pousar ao meu lado no Salão dos Passos Perdidos, um lugar tão frio quanto as pedras de mármore que o revestem. Não lembro se comentei, mas aquele salão tem esse nome horrível. Desculpe por isso, por ter te colocado naquele espaço hostil e constrangedor para pessoas simples como você. Viajamos alguns meses depois, a família toda. Era o meu presente de magistratura para vocês. Foi na Páscoa. Gramado estava toda decorada com coelhos e ovos coloridos. Você adorou, e eu amei! Combinamos que voltaríamos no ano seguinte para o Natal Luz. A pandemia não deixou. Ela nos privou do contato físico por mais de um ano. Sinto-me injustiçada por isso, por ter perdido um ano de convivência com você. Quanto tempo tem um ano? Hoje, que você já não está mais presente, seria uma eternidade. Imagina só poder ter mais um ano inteirinho com você. Dou voltas e voltas mentais pensando em tudo que queria ter feito e não tivemos tempo de viver.

Sinto raiva, muita raiva.
Eu queria fazer tanto por você agora
que a vida parecia que ficaria melhor.
Com sua ida, não há melhora possível.
A vida piorou muito.

Mais um domingo.

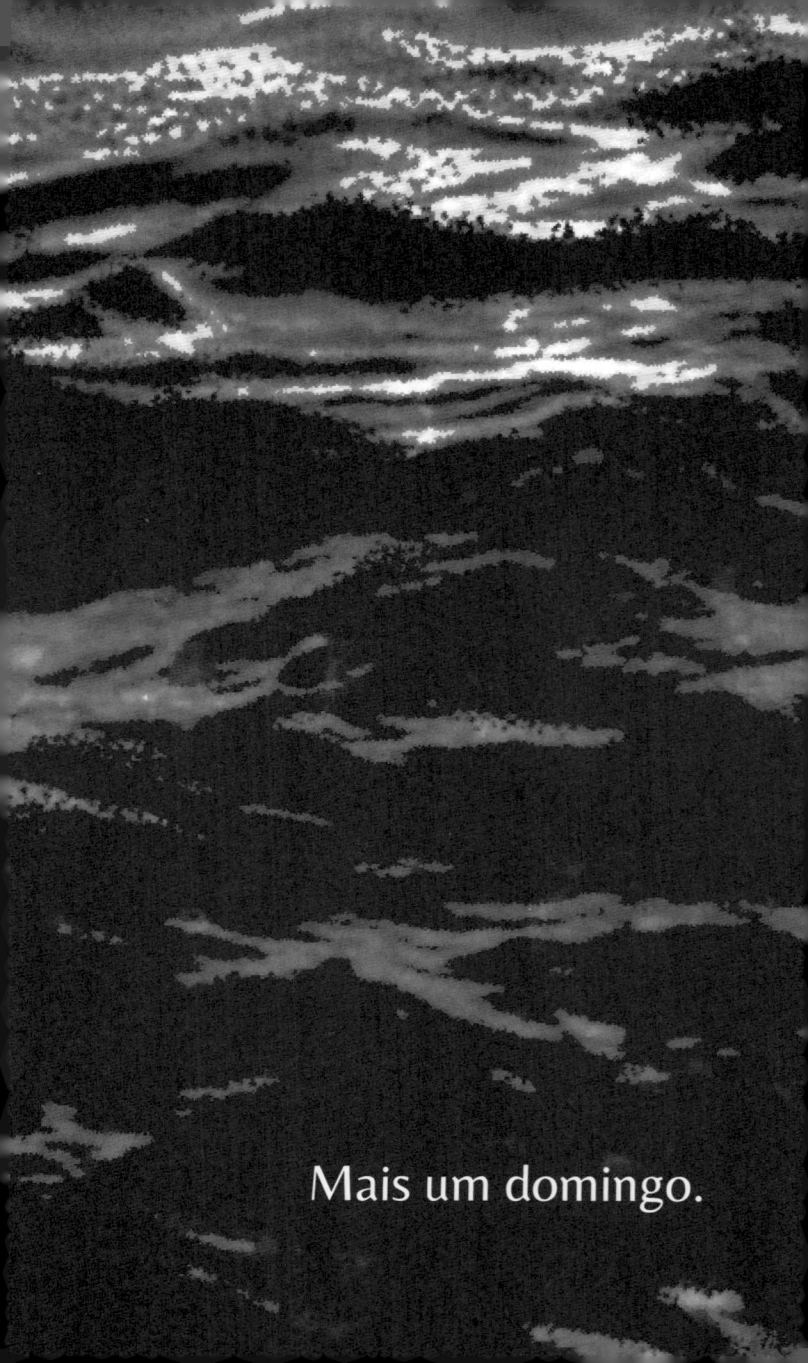

Todos os dias são ruins, mas os domingos parecem piores. A vontade de ligar para saber como andam as coisas e poder conversar com mais tempo percorre todo o dia. Durante a semana, a correria do cotidiano nos impondo conversas breves. No domingo, a ligação com mais calma para ouvir você contar sobre coisas triviais: a loja de utilidades que abriu no bairro, o cachorro que não quis comer, um exame que foi marcado, o novo defeito da velha máquina de lavar, uma receita de pão que deu certo. Notícias da rotina que não chegam mais. Ester me ligou. Também sente muito a sua falta, afinal, vocês ficavam horas ao telefone. Contou que estava deitada, mas não dormia. De repente, viu você se aproximar. Sentiu paz. Seu rosto estava feliz e sorridente, usava um batom vinho e uma roupa vermelha e amarela. Veio dizer que estava bem em sua nova morada. Quando me contou, Ester perguntou se eu tive experiência parecida. Claro que não!

Você sabe que se aparecesse para mim,
eu não te deixaria ir de novo.

Parei de rezar.

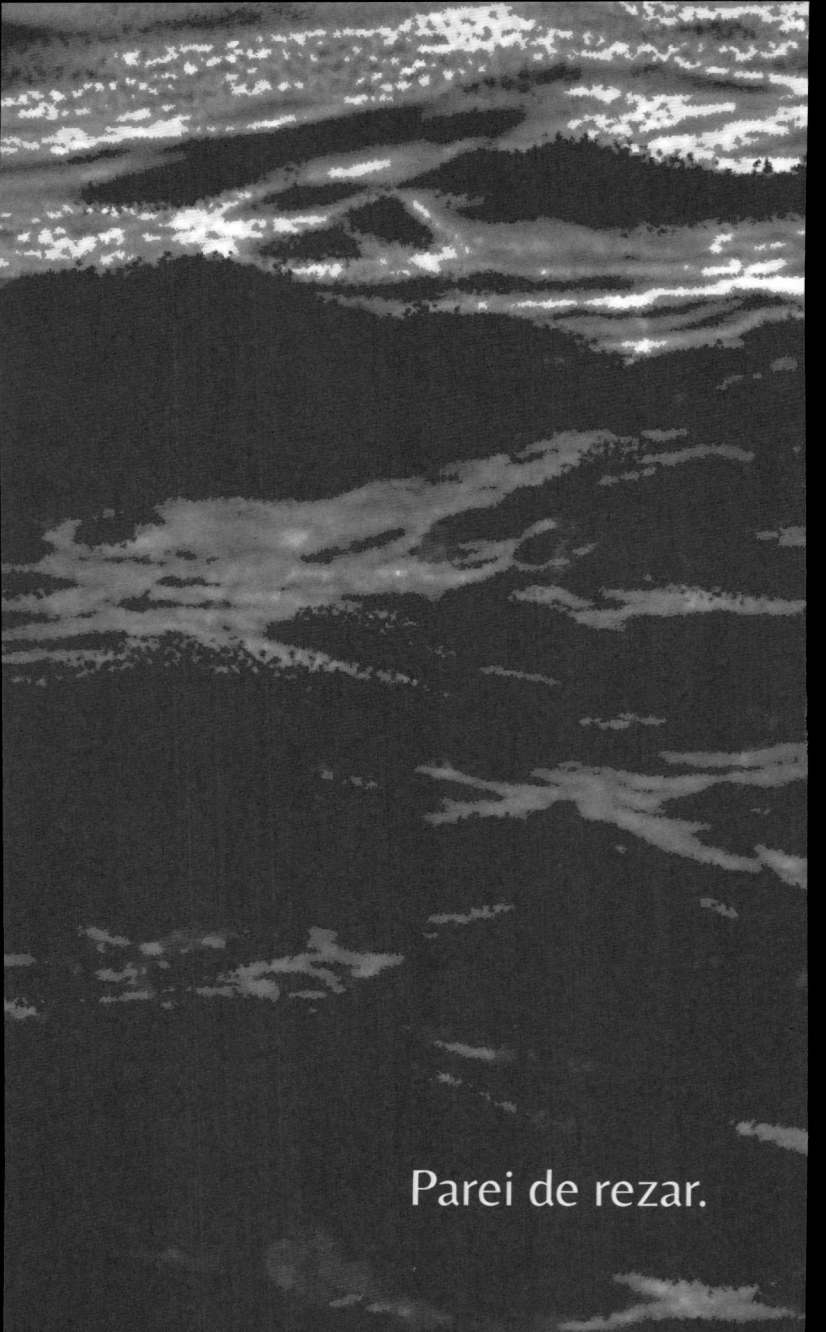

Foi no dia de sua partida. Sei que você não ficaria feliz com isso, mas deixei de acreditar que essa prática possa alterar o curso das coisas. E se é inútil, para que manter? Não lembro quando aprendi a fazer orações, mas sei o quanto supliquei por sua cura, o quanto implorei para postergar a partida, o quanto rastejei pela misericórdia divina, até que o sofrimento passou a ser tão grande que me rendi. Se perderia você para a doença, então o melhor é que fosse logo. A brevidade atenuaria a angústia das noites com os pulmões sem ar e tomados pelo câncer. O egoísmo não me permitiu pedir pelo fim, apenas, aceitar que ele viria logo, apesar das minhas súplicas. No dia do término, não houve conversa com Deus. Nunca mais houve. Sinto falta da fé que me sustentou em tantos momentos, mas muito maior é a falta que sinto de você. Por ora, eu e Deus deixamos de ter assunto. Você era o elo que nos unia, afinal, foi quem me apresentou a Ele.

Li o livro de um rabino que tenta justificar por que coisas ruins acontecem com pessoas boas. Ele escreve para explicar a si mesmo a morte do filho adolescente. A mim soa como a tentativa de um líder religioso que não quer perder a fé nem romper com Deus, mas que não consegue ver sentido na forma como Deus permite que algumas coisas aconteçam. Lembro-me de ter lido uma pesquisa sobre as maiores dores do mundo. Em primeiro lugar está a dor de perder um filho; em segundo, a perda de pai, mãe ou cônjuge; e, em terceiro, ser demitido. Como pode o rabino sentir uma dor ainda maior que a minha e ainda assim tentar limpar a barra de Deus? Pois eu O entregaria à própria sorte.

Se Deus quiser o perdão dos que sofrem,
não conte comigo para isso.
Trate de vir pessoalmente
prestar seus esclarecimentos,
começando por mim,
que ainda aguardo explicações.

Faz três meses que
eu choro todos os dias.

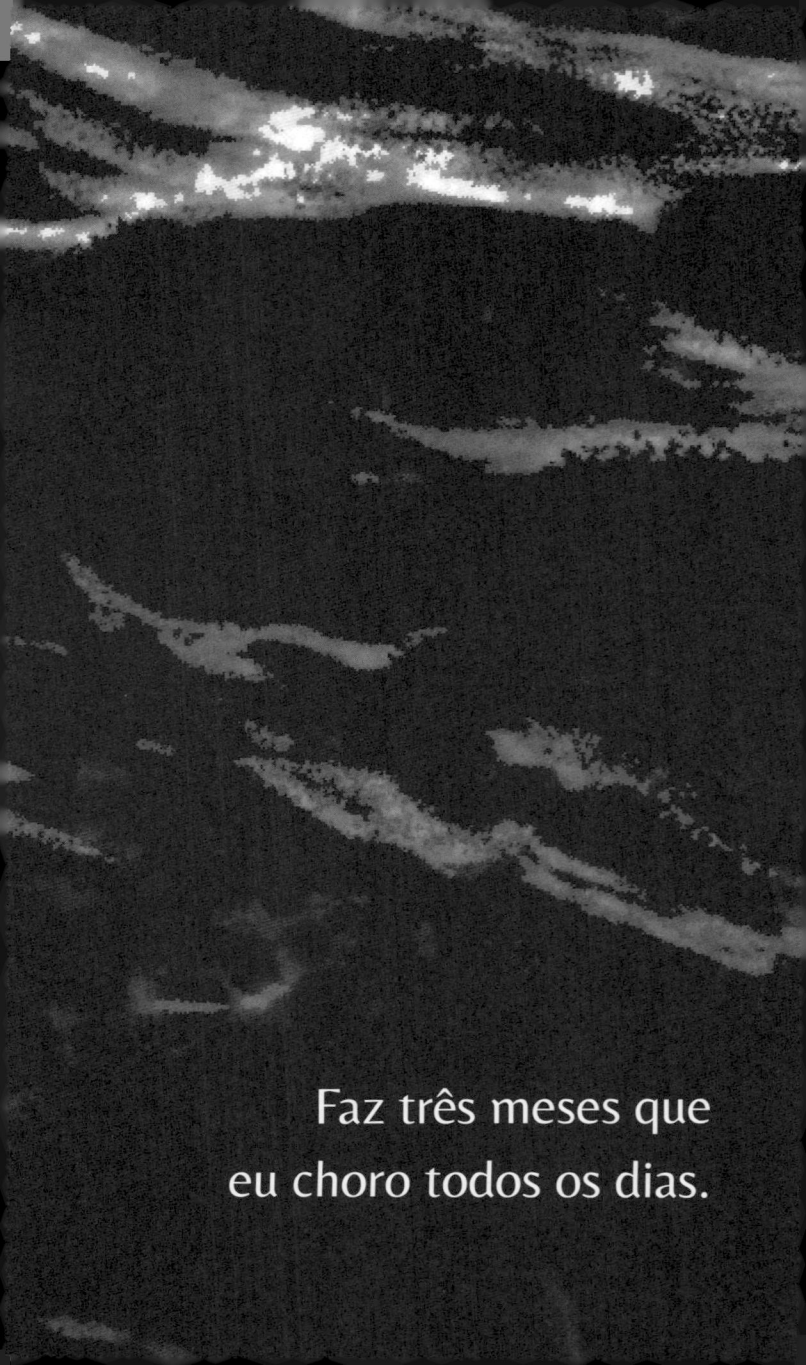

É o meu novo normal. No entanto, hoje tive uma crise de choro tão forte que cheguei a passar mal. Nada diferente aconteceu para isso.

Nenhum gatilho.
Apenas acordei e lembrei que você
não estava mais aqui.
O coração doeu, a respiração faltou,
a cabeça explodiu.

Não vai passar nunca? Não tem como melhorar? Dizem que o tempo fará menor a dor. Tenho dúvidas.

Minha única certeza é do quanto ainda sinto muito a sua falta.

Há muito a fazer,
apesar de ser domingo.

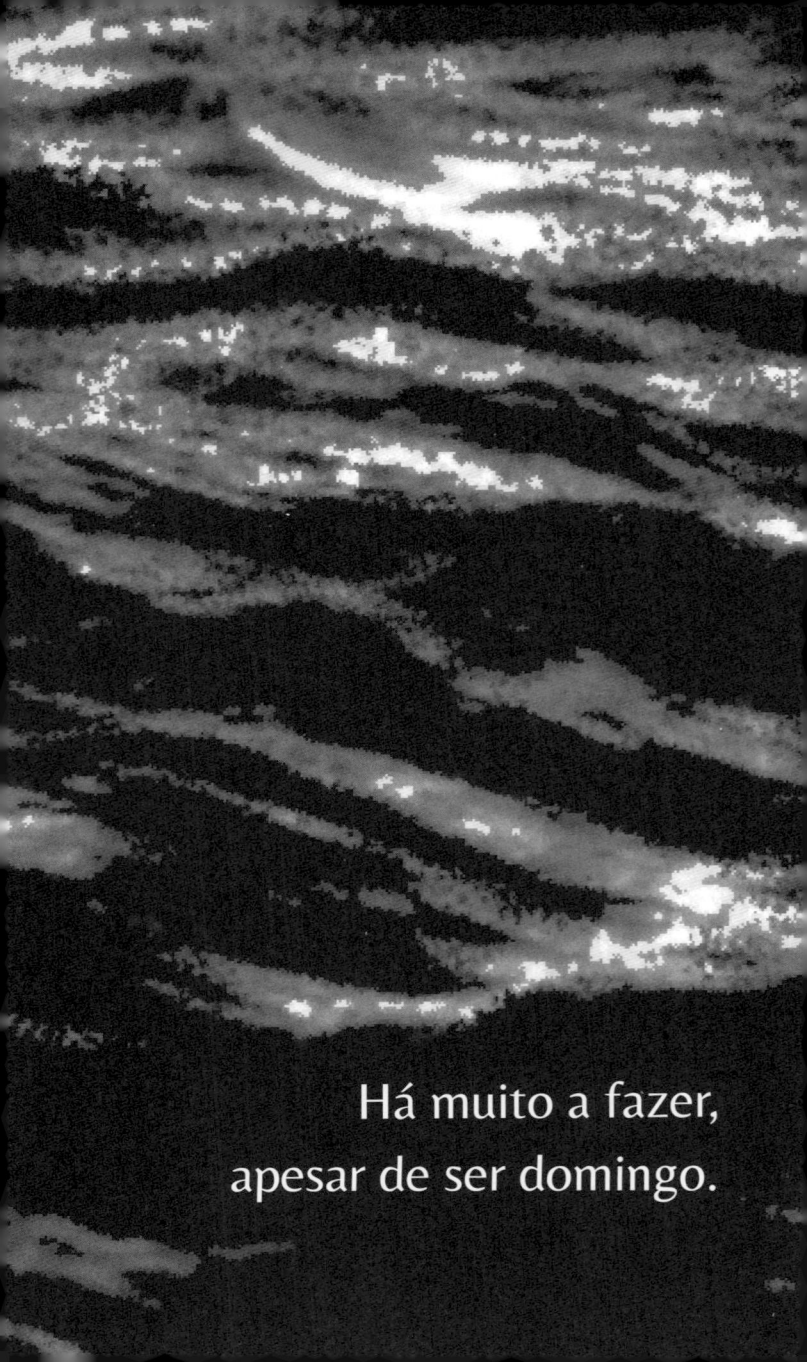

A rotina intensa de viagens a trabalho empurra tudo para o fim de semana, mas não me impede de lembrar de você diariamente, várias vezes ao dia. Estou mergulhada em uma infinidade de coisas e tenho consciência de que são minha forma de tentar amenizar a sua ausência. Ainda assim, o vazio está aqui, todos os dias. Olho para ele e o sinto profundamente. Resolvi jogar tudo para o alto e ir ao shopping comprar roupa nova. Rememorei quando ainda morávamos juntas e eu chegava com sacolas em casa. Você gostava de ver o que eu havia comprado. Pedia para eu vestir tudo, dava opinião, escolhia as preferidas, achava sempre maravilhoso. Falava que pegaria emprestado. Nunca pegou. Escolhi algumas peças e voltei para casa. Coloquei uma por uma em cima da cama, sem ânimo para guardar no armário. Deixei tudo lá, até que o próximo compromisso me exija o uso. Não tenho vontade de me arrumar. Só vou vestir porque não posso sair nua. Mas como saber se ficaram boas se você não as viu?

Como fazer as melhores escolhas
sem você por perto?
Como seguir por aqui sem seus olhos
que enxergavam tudo lindo?
É difícil ver beleza sem você.

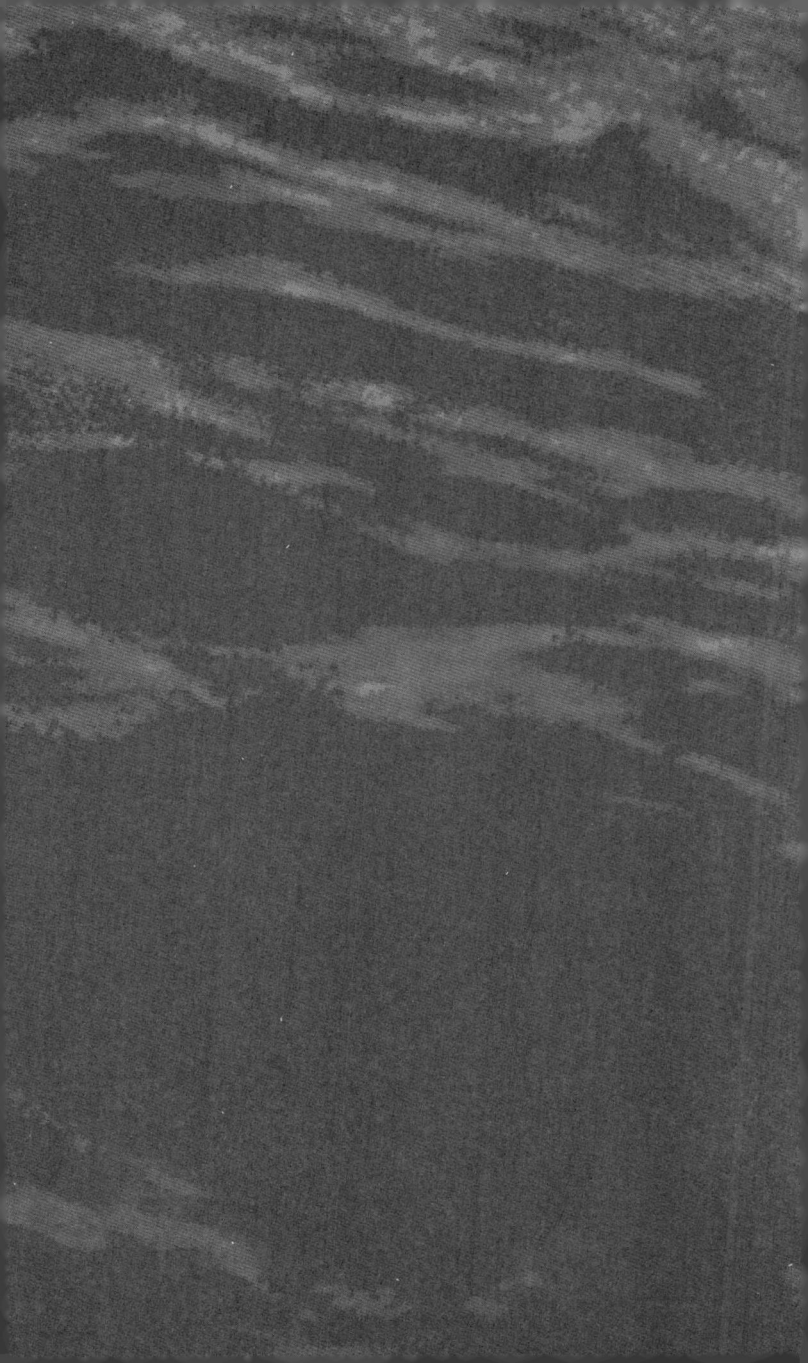

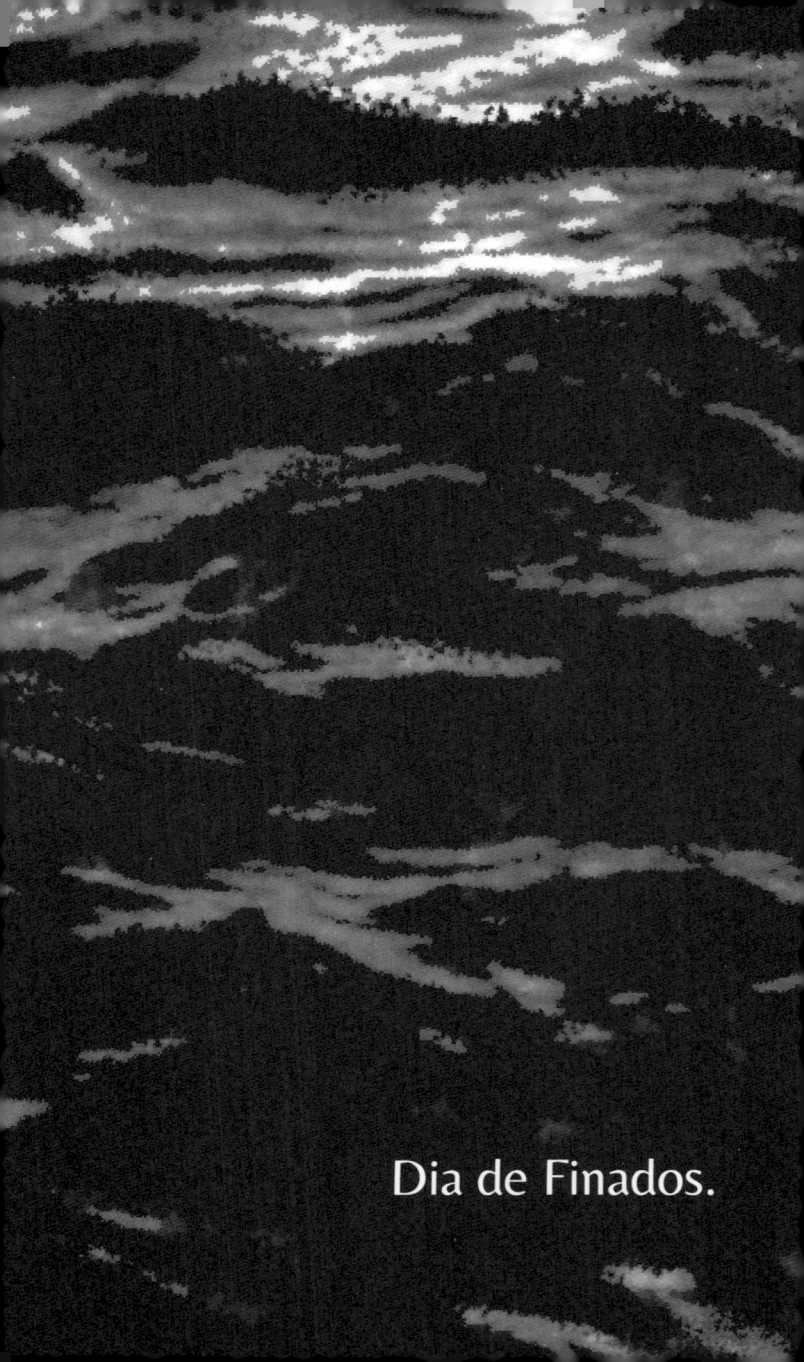

Dia de Finados.

É a primeira vez que estamos em planos diferentes nessa data. Você nunca se importou com esses rituais datados. "Dia das mães é todo dia", dizia. "Presente a gente dá quando pode, não precisa aniversário", era a sua lógica.

E o Dia de Finados?

Três meses e alguns dias depois da sua partida e eu ainda me pego sem acreditar. Sua presença é tão forte, sua permanência é tão real. O choro deixou de ser desesperado como antes, mas segue presente todos os dias, e, às vezes, me deixa aos soluços, seja pela manhã, quando as mensagens de "bom dia" marcam sua ausência, ou à noite, por não poder perguntar como foi o dia.

Se a data é para lembrar e reverenciar
sua existência, então, depois da sua partida,
todo dia é Dia de Finados.

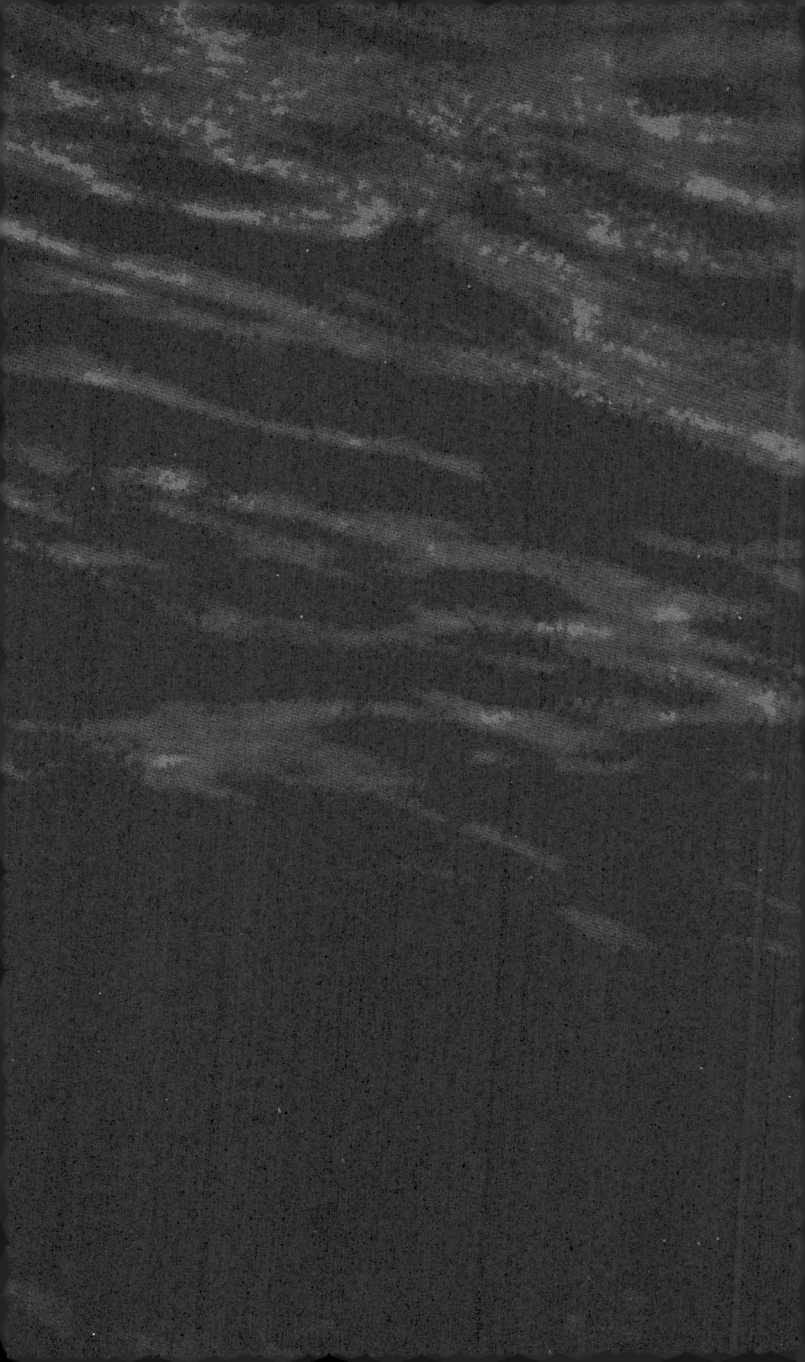

Cheguei de viagem.

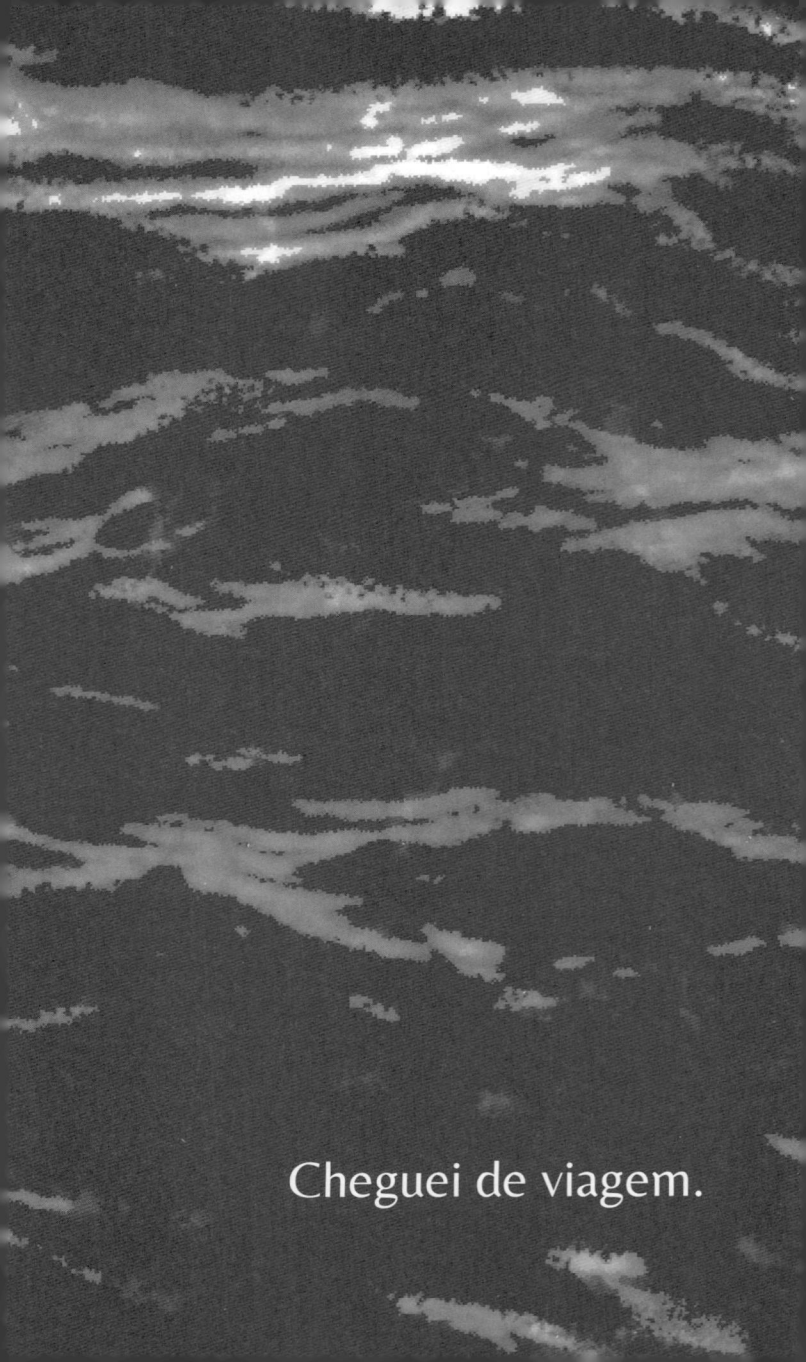

Meu pai já estava à minha espera. Diferentemente de outras vezes, algo a mais estava em cima do fogão. Ele havia feito a tradicional sopa da sexta-feira, mas sugeriu que eu abrisse primeiro a outra panela, que não costumava estar ali. Retirei a tampa e pude sentir a canjica ainda quente, preparada por ele pela primeira vez. Ele sabe que eu adoro canjica. Antes, não havia necessidade de ele se dedicar ao preparo, nem vontade, já que a sua sempre foi a melhor receita do mundo. Nunca soubemos reproduzir. Pouco antes da sua partida, perguntei mais uma vez como fazer. Coloquei o celular para gravar quando suas explicações começaram. A voz rouca pela doença, a fala interrompida pela tosse, o cansaço de quem luta contra o câncer, tudo sendo registrado naquele percurso de casa até o hospital, quando seu corpo já dava sinais de que não resistiria por muito tempo. Ao ver o milho branco mergulhado no leite, o doce do prato se misturou ao salgado dos olhos, enquanto meu pai aguardava qualquer comentário.

A canjica não era a sua,
mas estava boa.
Comi bastante.
Tinha gosto de saudade.

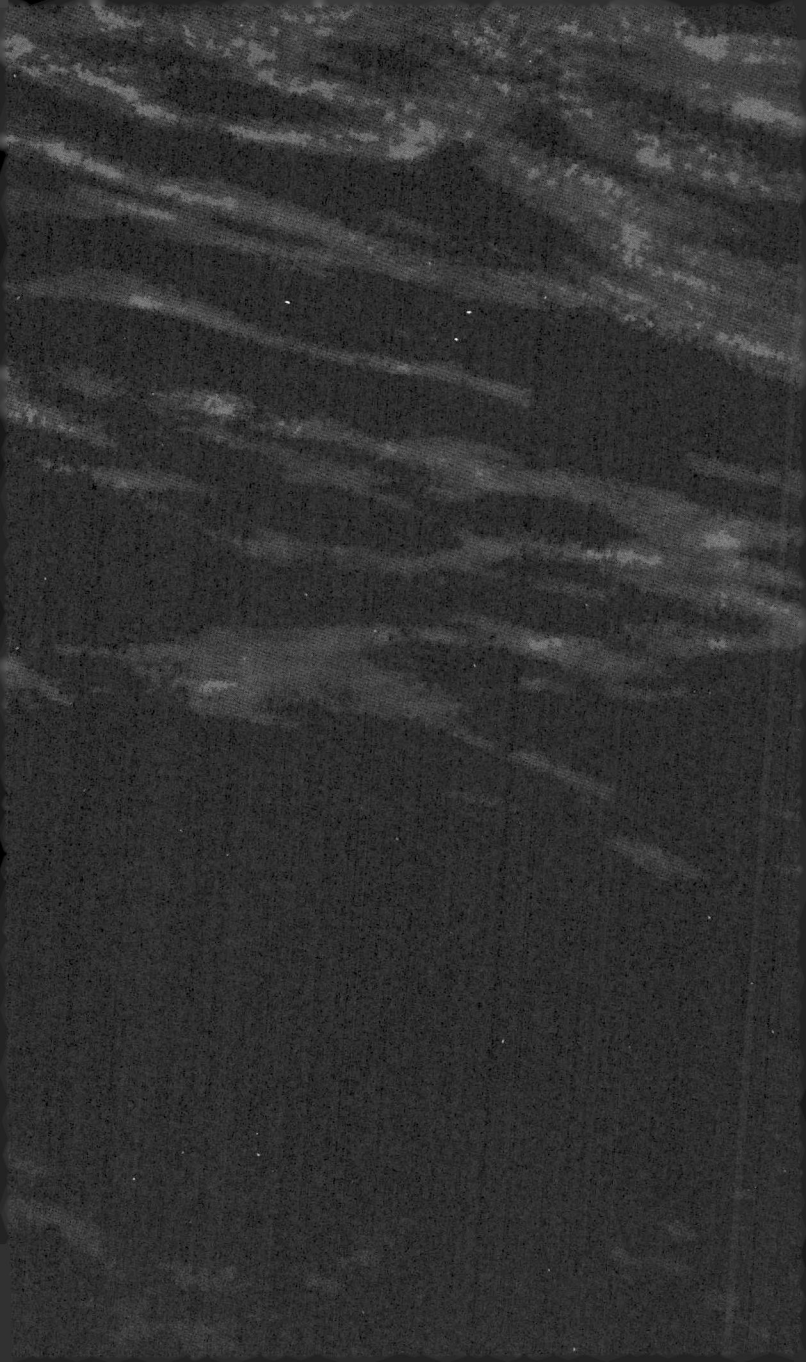

Meu braço está doendo.

Foi uma pancada. Desequilibrei ao entrar no carro e bati o corpo com muita força no teto do veículo. Eu estava a caminho de um compromisso. Naquele momento, não havia o que fazer. Hoje, ao acordar, me virei na cama de tal forma que coloquei o peso sobre a dor. Imediatamente, lembrei de você. Eu deveria te ligar na sequência, contar o ocorrido, e você logo daria uma solução.

Compressa de gelo ou de água quente?
Eu nunca sei, mas você sabia tudo.

Sempre teve as melhores respostas para todas as dores, físicas ou emocionais. Já faz quatro dias da pancada, ainda dói muito, mas sei que vai passar.

Já faz quatro meses da sua partida, ainda dói demais e não há qualquer compressa que resolva.

Eu tenho conquistado
muitas coisas.

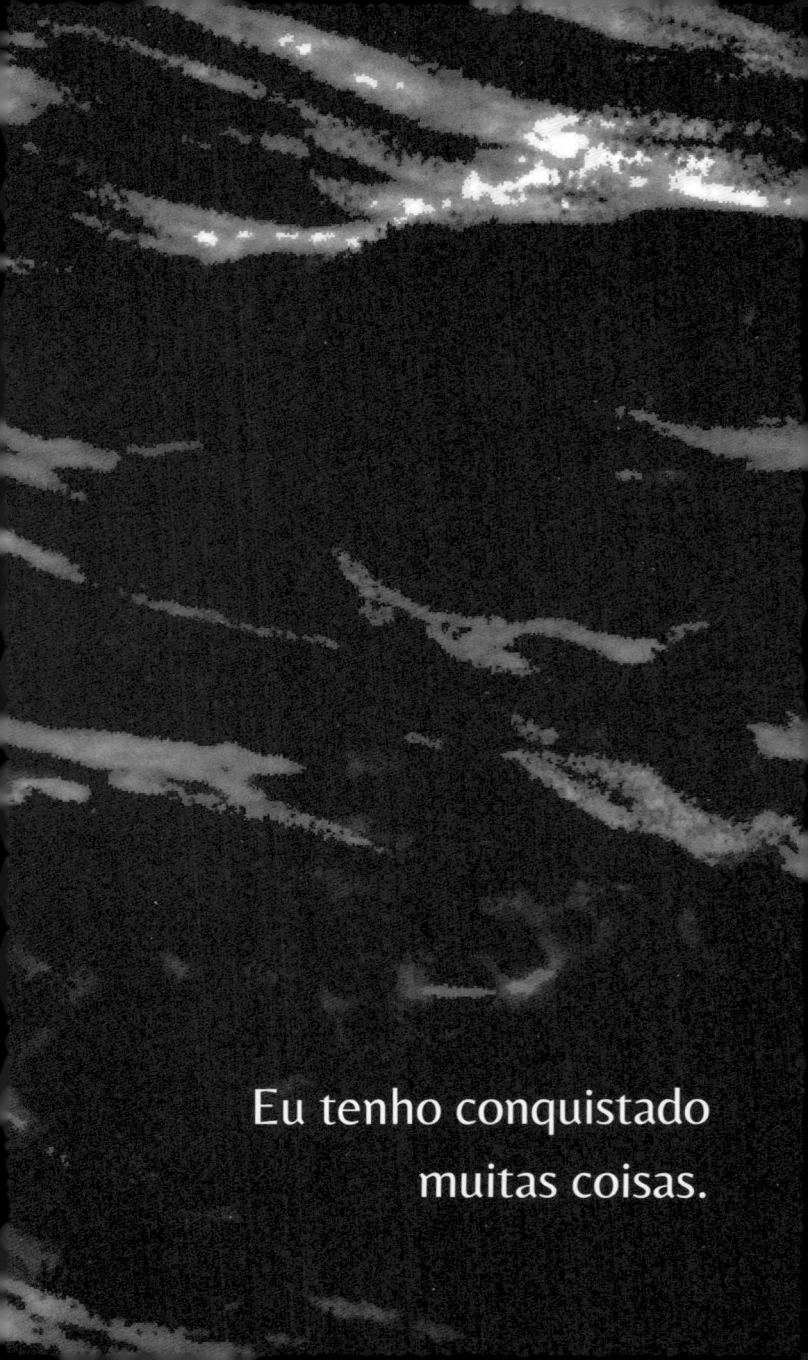

No entanto, nenhuma delas é capaz de me restituir a alegria genuína de quando eu podia compartilhar minha vida com você. A felicidade definitivamente não é desse mundo, mas a tristeza, essa sim, nos persegue a todo instante. Fiz uma coisa importante no trabalho, que ninguém tinha feito ainda, e funcionou tão bem que o resultado superou as expectativas. Era para eu estar muito feliz, mas não, afinal, não posso te contar. Eu nem ia te contar em detalhes, porque eu sei que essas coisas do trabalho sempre foram muito complicadas para você. Eu só ia dizer que fiz um evento, e que deu tudo certo, e, que, por causa disso, ficamos bem na foto. Pronto, isso bastaria para você entender que realmente fiz algo importante e isso te faria orgulhosa e feliz com o meu sucesso. Agora, eu só penso que trocaria tudo isso para ter você aqui.

"Quando penso em você,
fecho os olhos de saudade...
Tenho tido muita coisa,
menos a felicidade",
canta o poeta.

Te amo tanto... Que saudade...

Um raro
fim de semana livre.

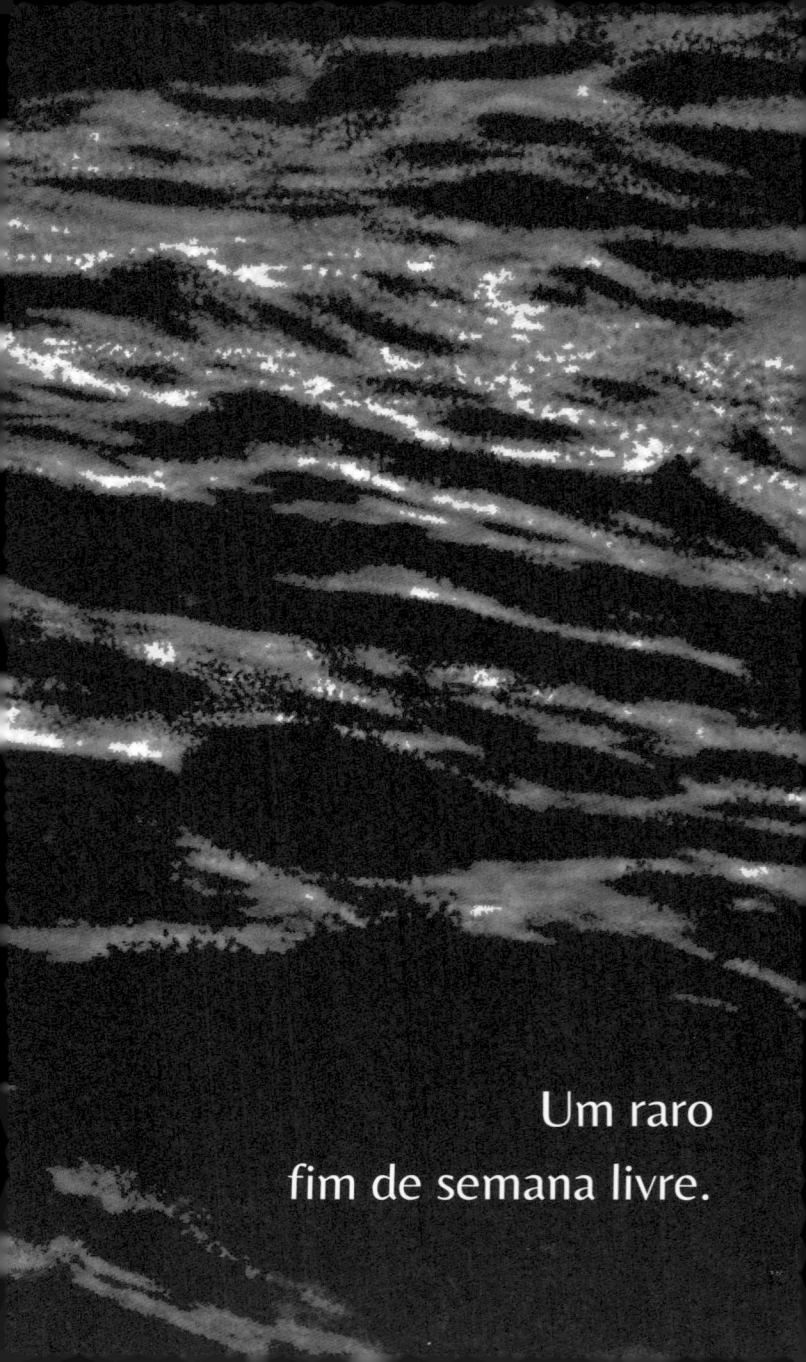

Não tenho compromissos, nem nada atrasado para entregar. Posso me dedicar ao ócio, ao nada a fazer. Escolhi passar o dia arrumando minhas estantes. Reorganizei meus livros na tentativa de reorganizar minha vida sem você. Separei vários títulos que pretendo ler sobre os novos temas que gostaria de pesquisar. No entanto, de tudo, o que mais fiz foi chorar. Terminei a leitura de três livros que estavam incompletos. Dois, por falta de tempo. Um, porque queria ler devagar. As lágrimas percorreram todas as páginas. Foi um fim de semana de chuva lá fora e aqui dentro. O sereno dos olhos brota do nada e de tudo. Surge nas lembranças dos últimos dias, quando assisti sua vida se encerrando sem que eu nada pudesse fazer para impedir, mas também dos primeiros anos de vida, quando você me entregou uma mamadeira, me acomodou no sofá e disse que eu deveria segurar com as duas mãos. Talvez eu tivesse uns dois anos, mas a lembrança do seu carinho me entregando o alimento ainda é pulsante como se vivido no agora. A chuva torrencial que desceu dos olhos inundou todo o fim de semana. Algum dia diminuirá?

A escrita me salva um pouco
e nos serve de cordão umbilical.
Quero crer que, em algum lugar
no tempo e no espaço,
você terá acesso ao verbo registrado
em sua homenagem e saberá
do imenso vazio que deixou em mim.

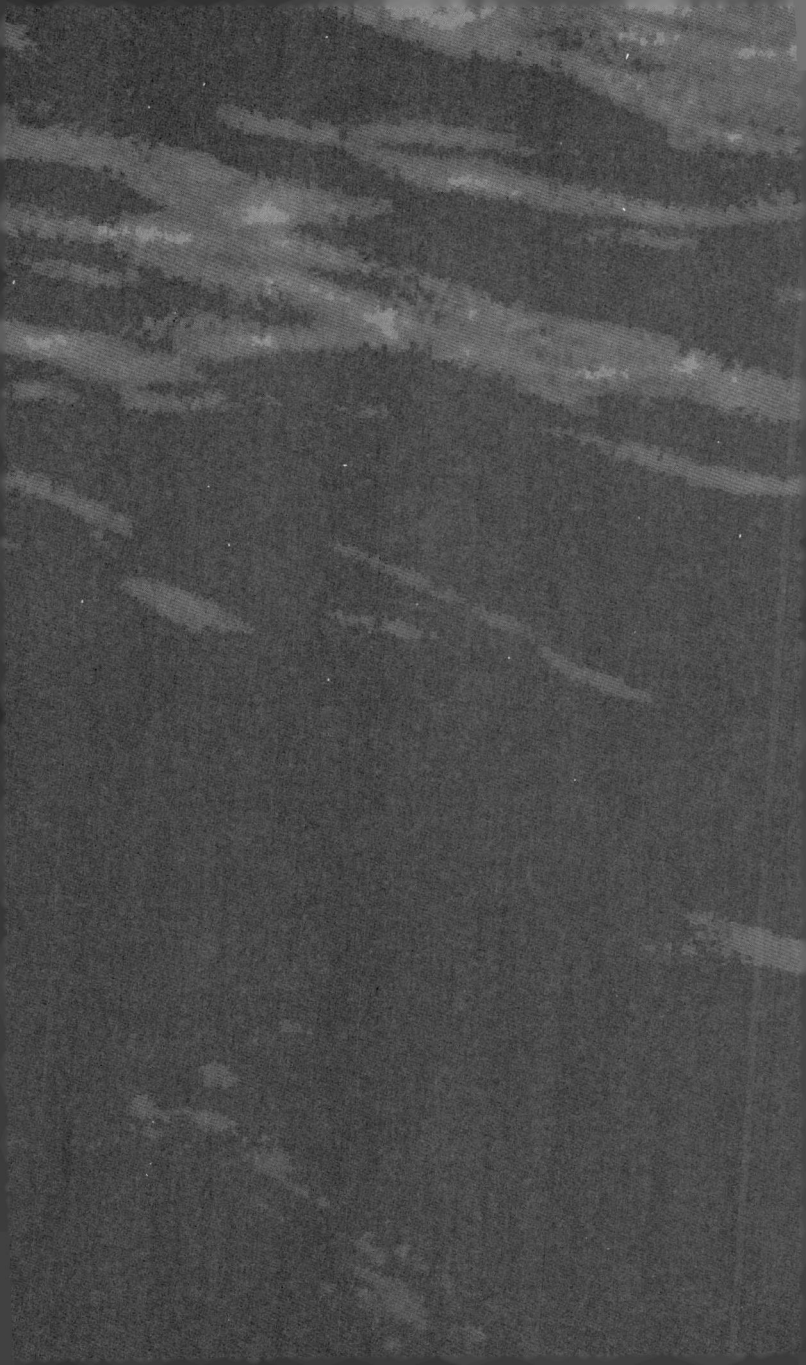

É Natal.

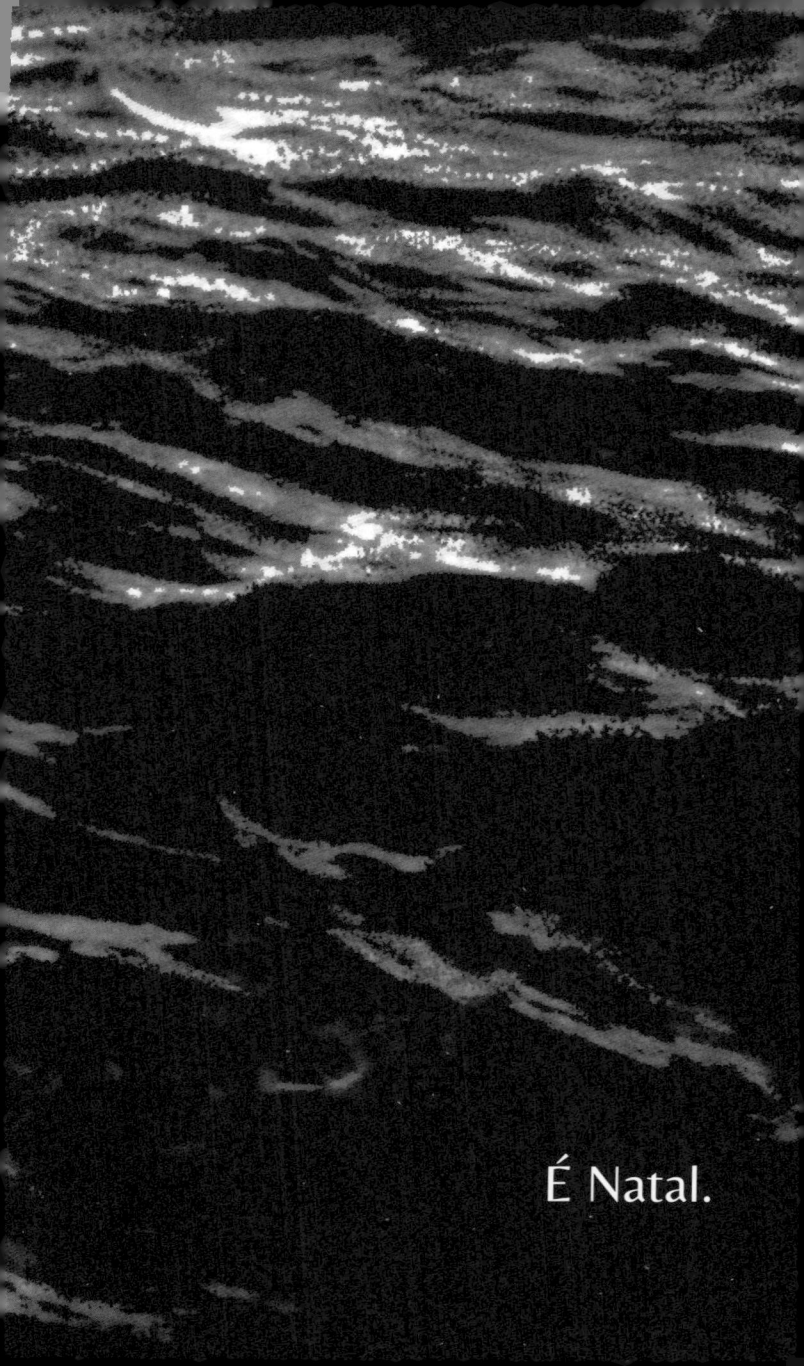

Viajamos para longe de nossa casa, para longe de tudo que nos trouxesse lembranças, mas não conseguimos ir tão longe que a saudade não pudesse nos alcançar. Choramos, como crianças e com as crianças, que sentiram a falta da vovó Fafá, sempre tão amorosa.

Não sei dizer se foi um Natal triste,
porque entre lágrimas, sorrimos.
Certeza mesmo só a de que
a sua presença permanecesse viva em nós.

Por isso, onde quer que você esteja, te abraçamos e te desejamos um Feliz Natal!

Penso sempre
nos seus últimos dias.

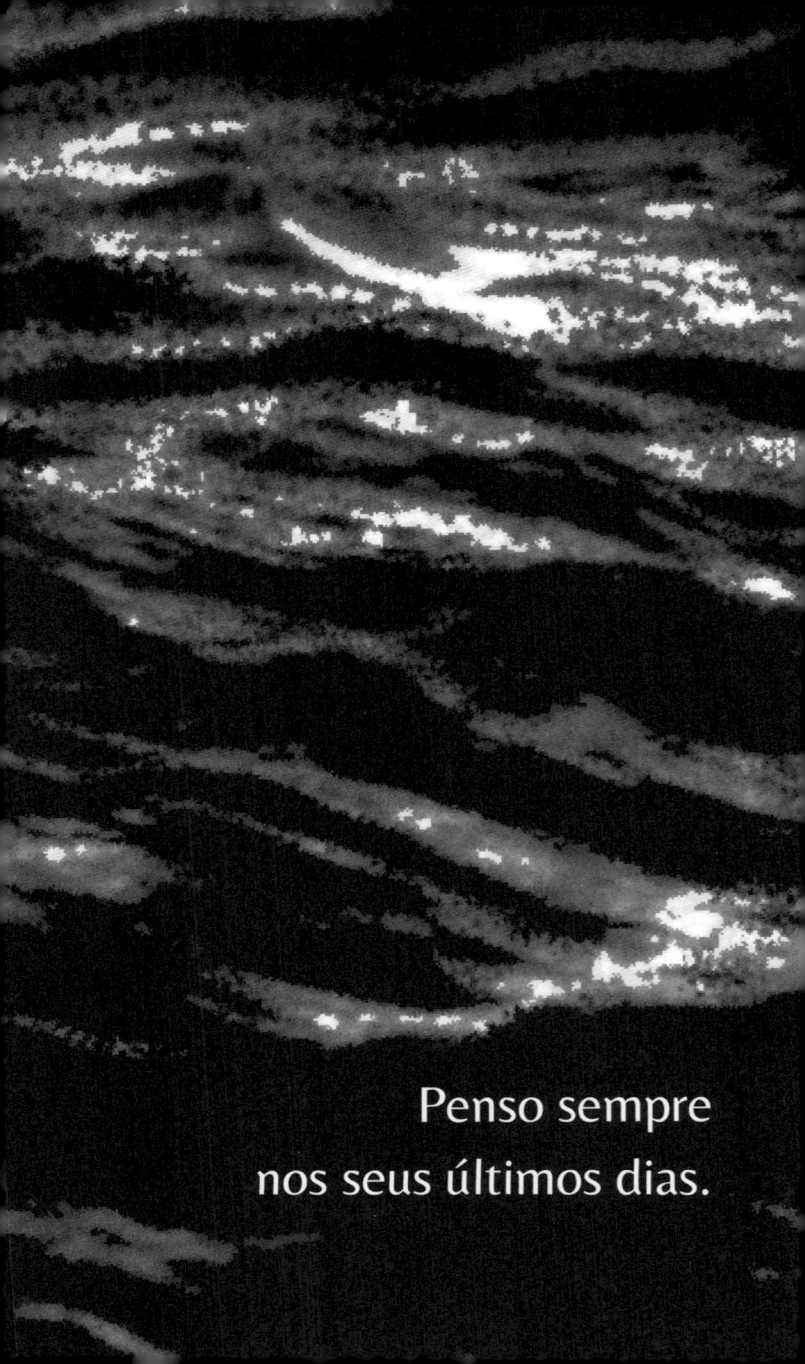

Rememoro as últimas semanas e tento perceber se você sentia a proximidade da partida. Tenho a impressão de que não. Se sim, talvez não quisesse pensar sobre isso, nem nós. No fundo, eu pressentia. Ou concluía racionalmente, na medida em que acompanhava de perto o agravamento do seu quadro. Se soubesse que estaria tão perto, o que você teria feito de outro modo? O que gostaria que tivéssemos feito por você e não fizemos? Daqui, desse lugar de infinitas lembranças que se repetem de maneira desordenada, eu sei o que teria feito de outra forma. Ao invés de cochilar nas madrugadas ao seu lado, eu não pregaria os olhos. Eu olharia para você sem parar, durante o máximo de tempo possível, até não poder mais, fechando meus olhos somente depois que você fechasse em definitivo os seus. Eu diria o quanto te amo ainda mais vezes do que todas as vezes que disse e repeti, cada vez que sua tosse aumentava, sua respiração faltava ou se intensificava o seu mal-estar.

Eu rezaria ainda mais e muito mais antes que minha fé se fosse de vez com a sua partida, rezaria aos deuses e às deusas, aos santos e às santas, a qualquer um que pudesse ouvir a minha súplica desesperada diante do inevitável fim. Eu não brigaria com você para que comesse ou dormisse ao argumento de que seria importante para sua recuperação, porque não foi. Eu permitiria que você dormisse quando quisesse e comesse apenas se por vontade própria lhe viesse a fome, porque nada alteraria a finitude dos dias. Então, que eles ao menos fossem os mais felizes possíveis, de acordo com a sua própria vontade.

Eu faria tudo diferente.
Talvez não tudo, mas muito.
Talvez nem muito.
Sei lá.

Eu só queria uma existência nova, inteira, completa, do início ao fim com você novamente, para repassarmos cada minuto juntas, como numa peça que se encena muitas vezes até a perfeição, em que eu fosse sua filha novamente, porque necessito ensaiar inúmeras vezes para ser melhor.

Já você nunca precisou de ensaio, pois sempre foi a melhor e mais perfeita mãe que nós poderíamos ter!

Fugi.

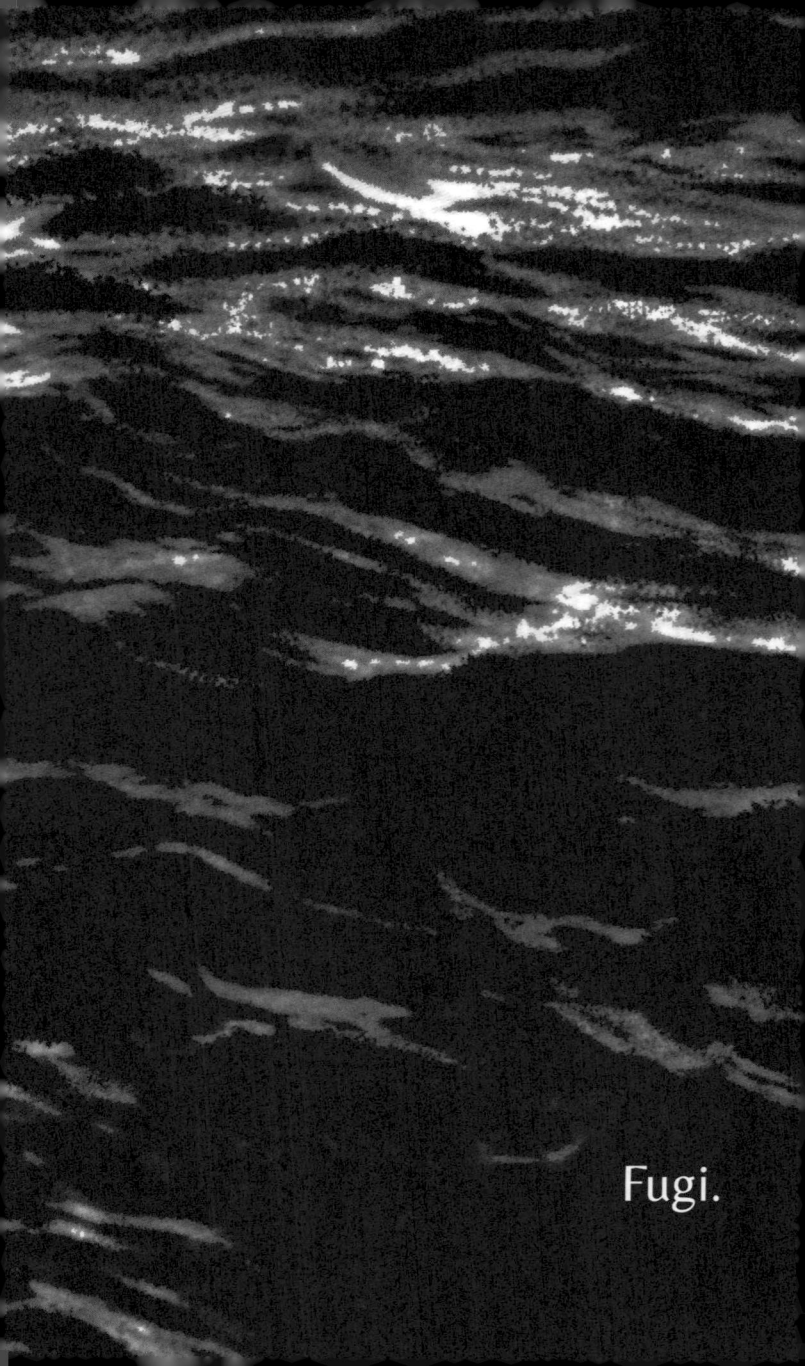

Vim para São Francisco Xavier passar literatura nas feridas. São chico é uma cidadezinha do interior de São Paulo, na Serra da Mantiqueira. Lembra Miguel Pereira, no Rio, onde você apareceu para a Ester. É pequena e faz frio à noite. Chove também de vez em quando, mas não chega a incomodar. Quero aprender a escrever melhor. Talvez eu me torne uma escritora-juíza em vez de uma juíza-escritora. O que você acharia disso? Queria tanto te contar dessas ideias doidas e doídas que eu tenho de vez em quando. Lembra quando eu fui para a Itália sozinha, aos 26 anos, atrás de um amor de verão? Anos depois, quando a maturidade me mostrou os riscos daquela aventura, cobrei de você por não ter tentado me impedir. Quando perguntei sobre sua inércia, tive que ouvir: "Ué, você tinha o seu dinheiro e queria ir. O que eu podia fazer? Ir para o aeroporto e deitar na frente do avião?".

Por mais loucos que fossem os meus sonhos,
você nunca deixou de me apoiar.

Aprendi a me atirar do precipício, porque durante a queda brotariam asas. Isso é crer para ver.

Você me ensinou a confiar que as coisas sempre dariam certo.

E se não dessem, você estaria lá me esperando de braços abertos para amortizar a queda. E agora, quem é que vai me incentivar a seguir em frente e me jogar na vida? Sem você, todo tombo dói muito. Que falta faz o seu amparo...

A vida em curso.

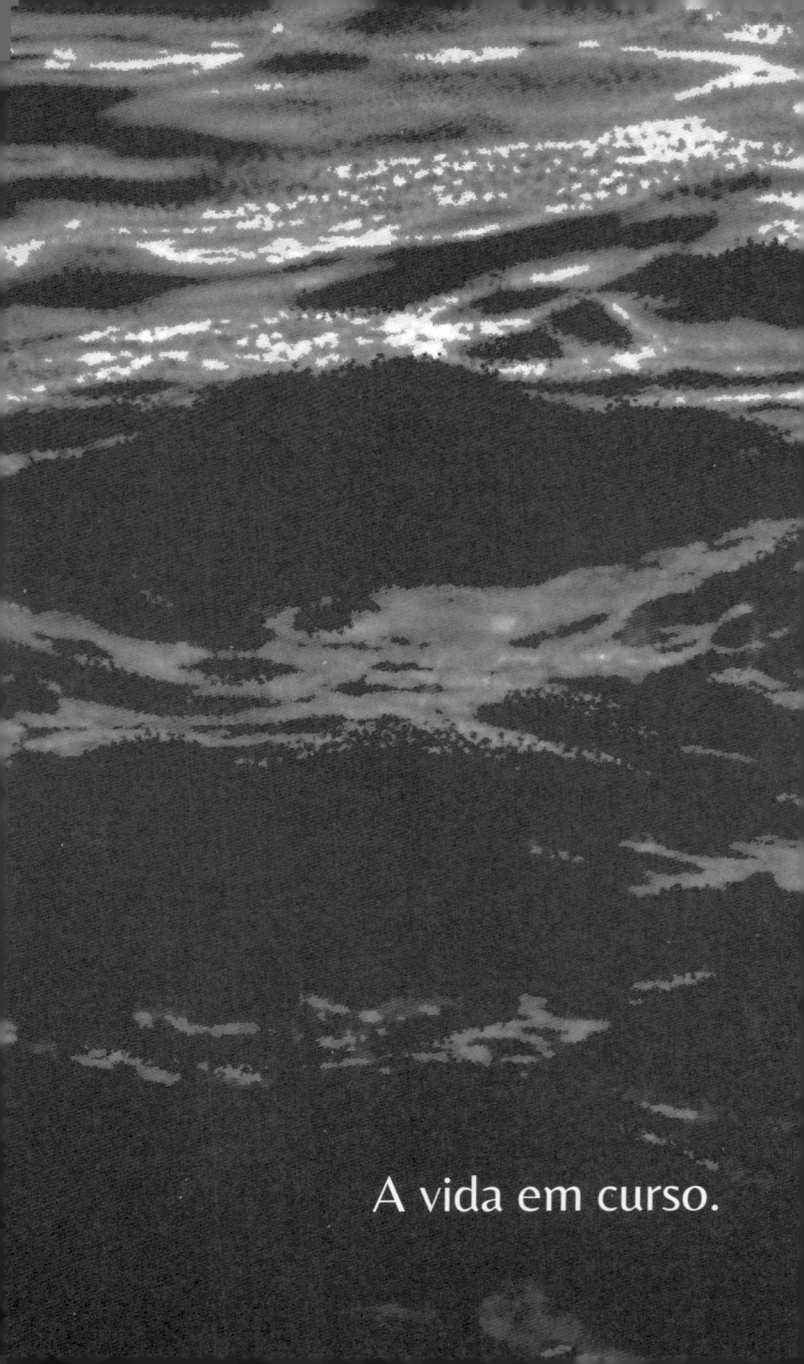

A semana está correndo como o fluxo de um rio. Sigo no curso de escrita criativa. Em São Xico, como é carinhosamente chamada a cidade de São Francisco Xavier, o tempo passa no tempo certo. Há sessenta segundos em um minuto e sessenta minutos em uma hora. Nem mais, nem menos. O relógio aqui não volta, mas também não corre. É uma sensação diferente, que há muito não vivia.

Mergulhar na literatura como quem se banha nas águas de um rio tem revigorado minha alma. A escrita é curativa e a leitura tem me ajudado a fechar a ferida exposta, ainda que não seja possível apagar essa enorme cicatriz.

Ainda dói, mas estou me acostumando. Pode ser que a dor aumente quando virar o tempo ou quando algo bater bem em cima. É uma marca que não se apaga; uma falta impossível de se preencher. Os livros me servem de remédio. Crônicas ao acordar para estabilizar o humor. Poesia em doses homeopáticas, duas vezes ao dia. Romance depois do jantar para dormir melhor. Não desaparecendo os sintomas, procure uma livraria.

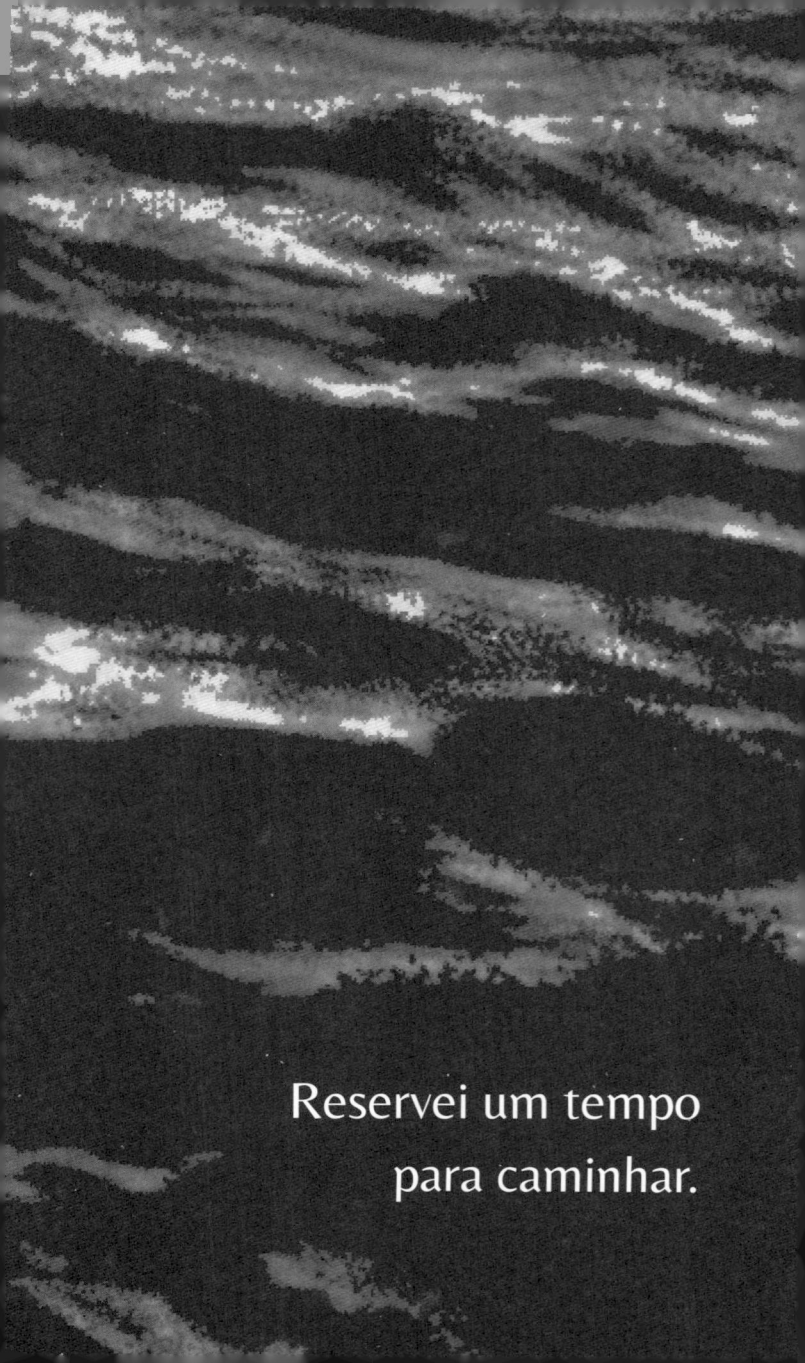

Reservei um tempo
para caminhar.

Por aqui há muitas cachoeiras e um rio que abraça a cidade. Nem sei se é sempre o mesmo rio, mas as águas estão nas dobras de cada esquina. Tinha um filósofo que dizia que a gente não entra duas vezes no mesmo rio. A experiência é sempre única, porque nem as águas e nem nós somos os mesmos no segundo encontro. Tirei o dia para caminhar. Na noite anterior, meu pneu furou. Tentei consertar logo cedo, mas só há dois borracheiros na cidade e ambos estavam fechados. Escolhi não me aborrecer. Fui a pé até a cachoeira mais próxima, a uns três quilômetros da pousada. Fiz o percurso sozinha, pensando na vida e na morte. Semana passada, descobri que estou com um tumor ósseo. É benigno, mas você ficaria preocupada.

Eu não estou. Quem sabe é a chance de logo estarmos juntas novamente? O caminho até a cachoeira só não era mais lindo do que a cachoeira em si. Fazia um sol de verdade e bastante calor. Coloquei minhas coisas na pedra, molhei os pés e senti o gelo. Comecei a entrar na água devagar e sem coragem para dar um mergulho. Lembrei-me das vezes em que rezei cantando entre lágrimas: "Oxum, lava os meus olhos. Oxum, minha emoção. Oxum, flor das águas. Oxum, lava o meu coração". A mãe dos rios e cachoeiras sempre me acolheu. Naquele momento em que me senti irmanada com o sagrado em forma de cachoeira, pedi que Oxum estivesse contigo, que cuidasse de você com o mesmo amor que sempre cuidou de mim. Fechei os olhos e imaginei nós duas abraçadas pelas águas de mamãe Oxum.

Mergulhei nas águas do rio como quem
volta para o útero da própria mãe.
Não havia mais frio nem gelo.
Eu estava no calor dos seus braços.

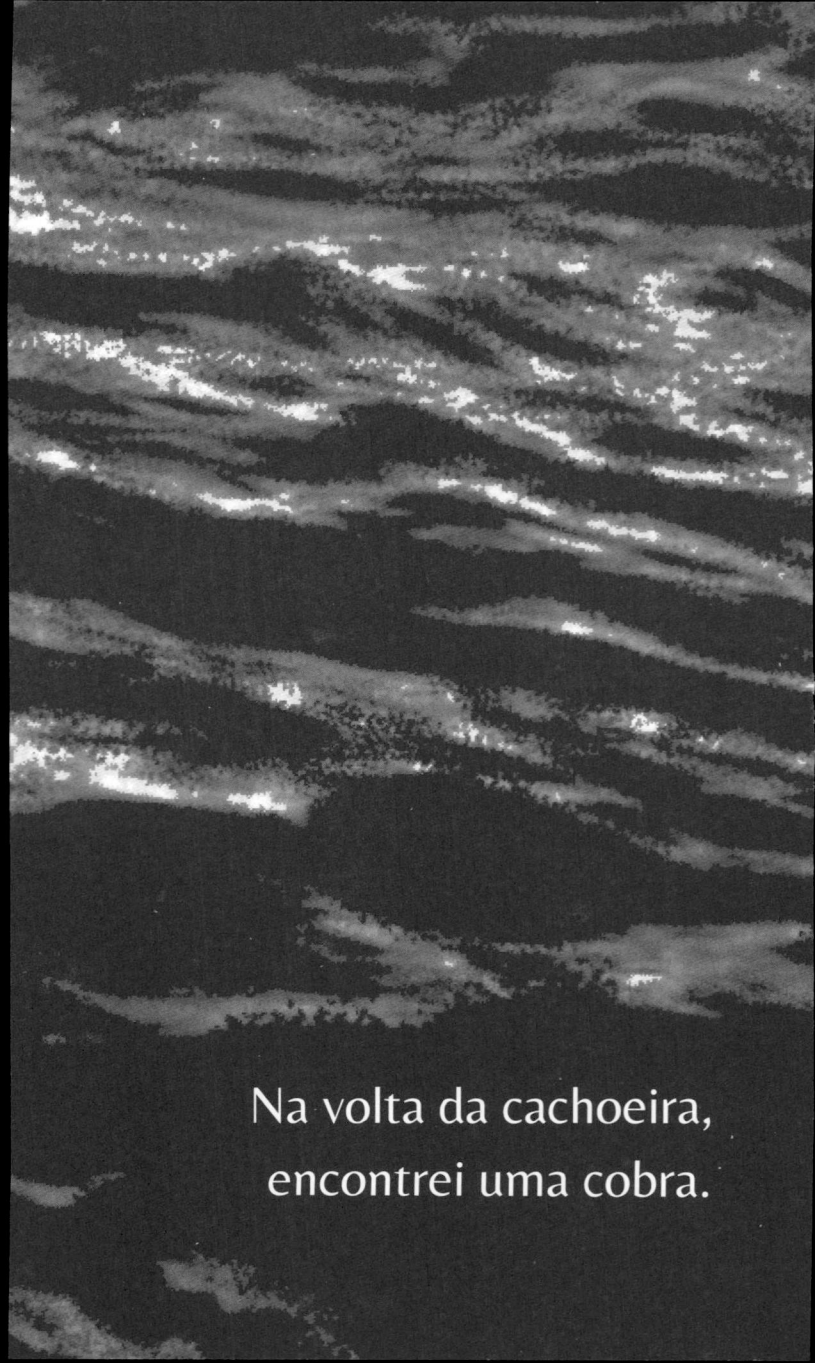

Na volta da cachoeira,
encontrei uma cobra.

Meio cinza, meio verde, ela estava na margem do asfalto. Se viva? Não cutuquei para saber. Pareceu má ideia exercitar a curiosidade bem naquela hora. Bati uma foto e mandei para o meu pai, que morou na roça e conhece todos os bichos que vivem por aí. Ele disse que era venenosa por conta do rabo fino e mandou eu ficar longe da água, segundo ele, hábitat natural daquela espécie. Eu teria pisado nela não fosse o fato de estar caminhando quase no meio da rua. Isso porque, na ida, uma galinha saiu detrás de uma cerca coberta de mato e me deu um baita susto. Se galinhas riem eu não sei, mas aquela deve estar rindo de mim até hoje.

E se a cobra era venenosa, foi a galinha quem me salvou a vida, porque não querendo repetir o susto, eu andava bem afastada da beira da estrada. Depois, lembrei de mãe Ariseth, minha mãe de santo, falecida dois meses antes. Ela contava que tinha pavor de cobra, mas era filha de um orixá que se fazia ver dessa forma. Quando eu chegava no barracão dizendo: "Bença, mãe", ela logo respondia: "Oxumaré abençoe, filha". O coração rasgado em luto pela perda de minha yalorixá foi dilacerado de vez com a partida de minha mãe biológica.

Eu, que por tanto tempo fui abençoada
com o colo de duas mães,
em um brevíssimo descuido de Deus,
no intervalo de dois meses,
de repente,
me vi sem nenhuma.

Depois da cobra,
permaneci no caminho

Continuei andando no meio da rua, olhando para o chão e ainda mais atenta. Cuidava para não ser atropelada, nem pisar em algo que pudesse me morder. A região tem muitos pássaros, cujo canto cessa apenas durante a noite. Mas foi outro animal que resolveu me acompanhar no percurso de volta. Não percebi de pronto porque os olhos estavam baixos. Ela voava na altura da minha cabeça. Insistente, ziguezagueava pelo meu corpo, enquanto eu amassava pensamentos. Quando notei, passei a conversar com ela, perguntando se queria me dizer alguma coisa. Pareceu que sim, porque não se afastou. Será que era você como uma borboleta azul? Iansã, de quem você era filha, se mostra na forma de uma borboleta. Eu disse para ela o quanto te amava e sentia sua falta. Ela não respondia, apenas seguia por perto, forçando-me a levantar a cabeça e a erguer os olhos para acompanhá-la.

Talvez seja esse o recado
que você queria transmitir a mim
nesse último dia em São Chico:
eu posso olhar para o chão,
onde estão as cobras,
mas somente levantando os olhos,
contemplarei as borboletas.
É hora de retornar.

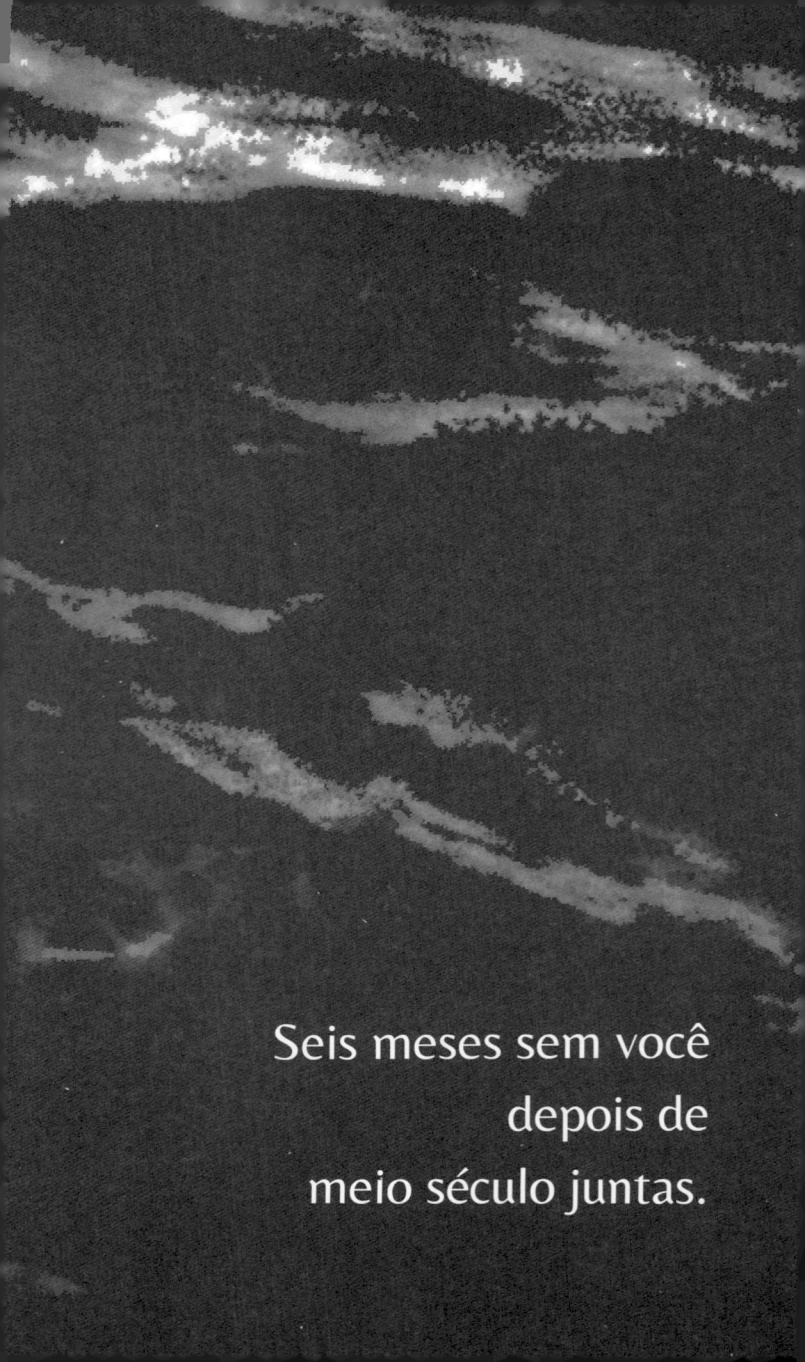

Seis meses sem você
depois de
meio século juntas.

Na eternidade, não tenho dúvidas: um dia nos reencontraremos. Por ora, receba essas palavras simples como expressão do meu amor.

Essas poucas linhas,
por vezes desconexas,
outras, desorganizadas,
são o retrato do meu íntimo.
Que de verbo em verbo,
se faça uma ponte capaz de levar até você
esta justa homenagem.

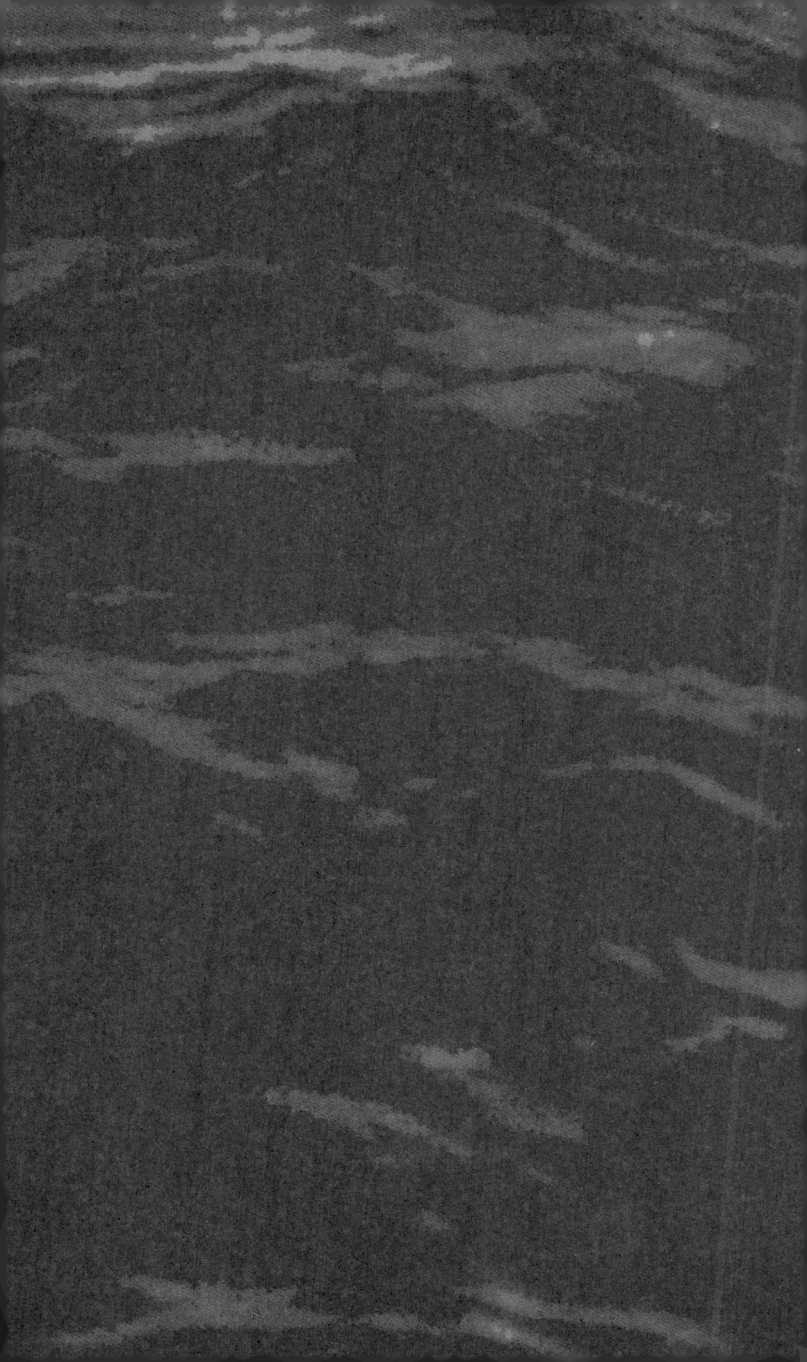

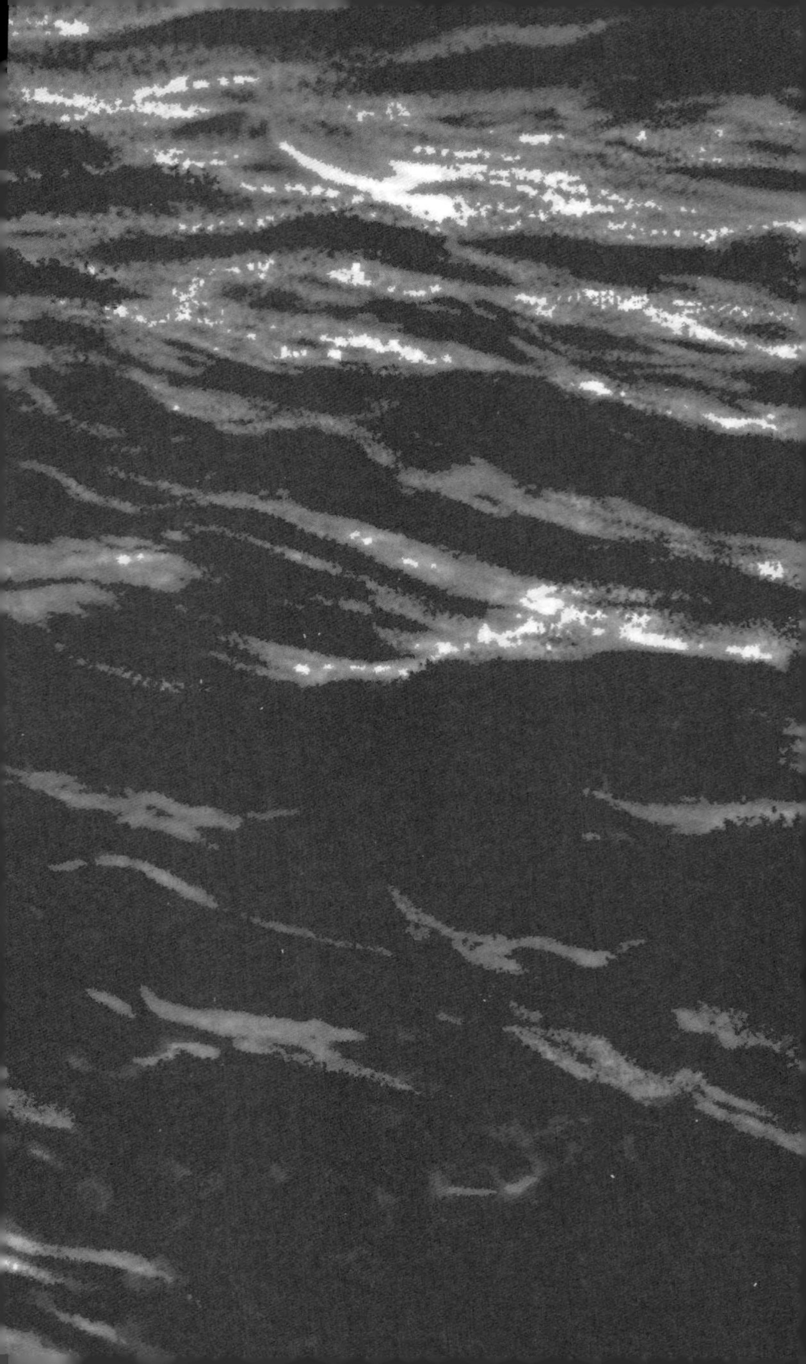

Te amo para sempre!

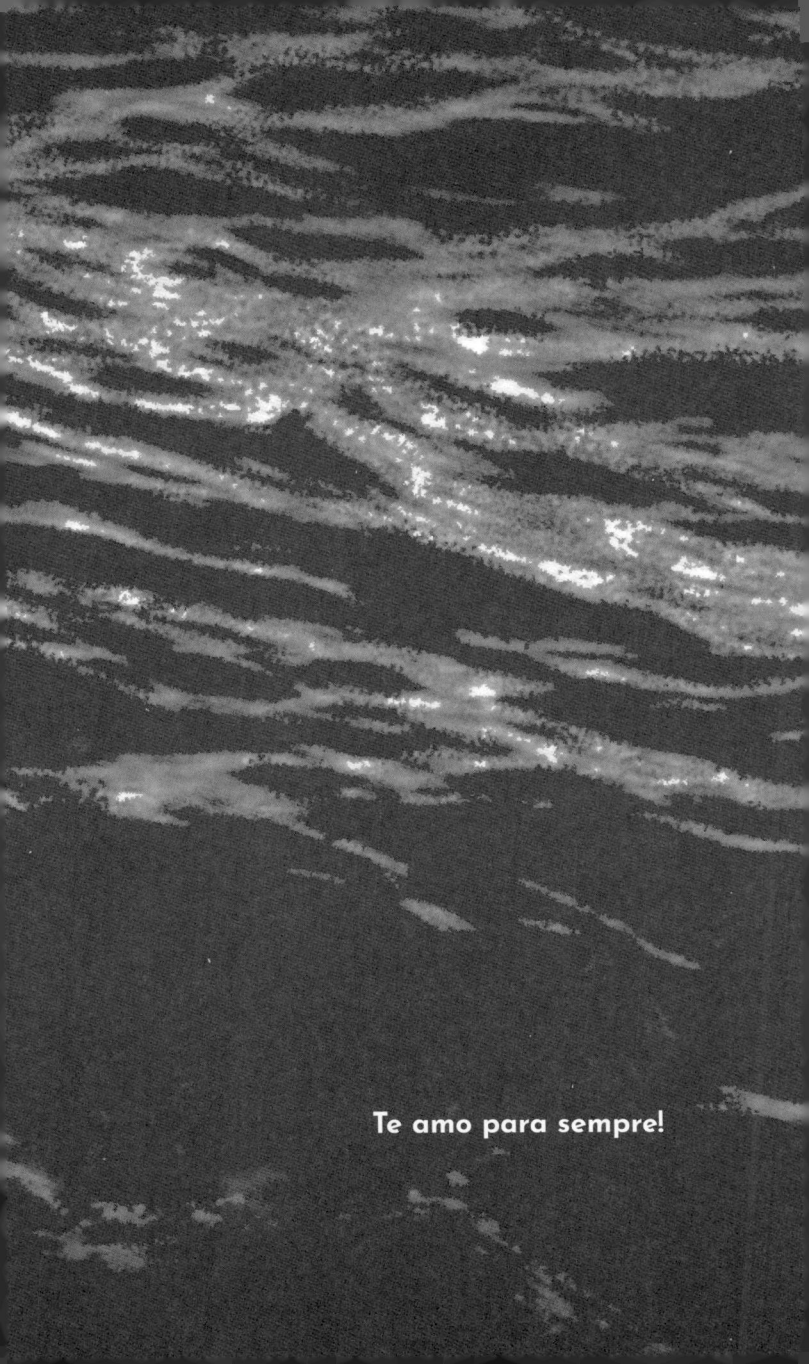

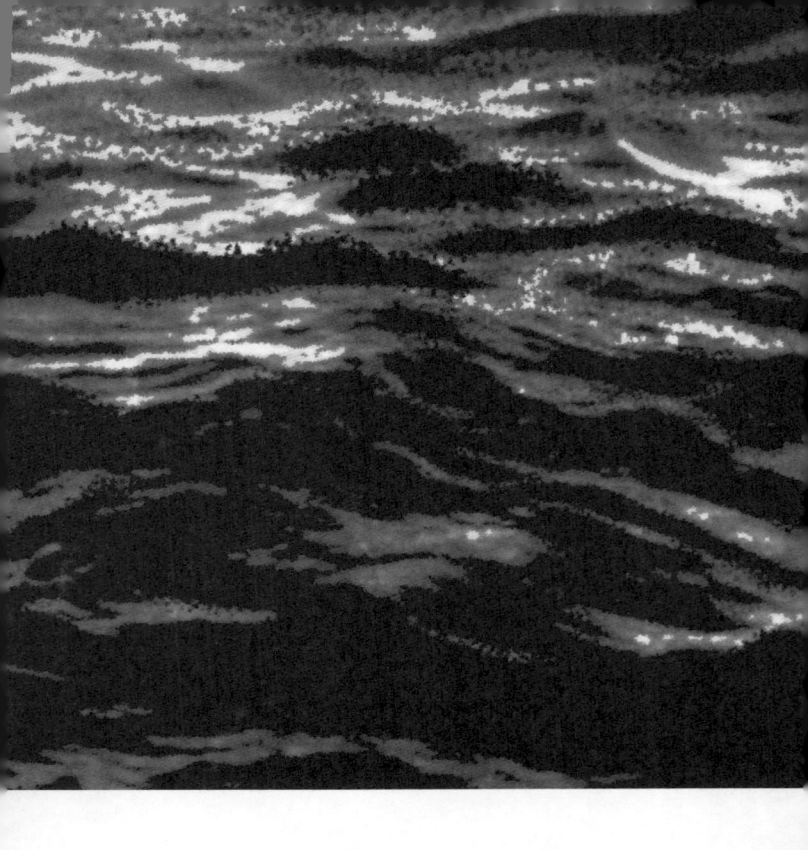

Pós-escrito.

"Quem ocupa bem o seu lugar,
faz muita falta quando não está."

Lis Sobral in *Sobre o viver*

Comecei a escrever este livro sem a pretensão de publicá-lo. Tratava-se apenas do meu modo de lidar com o luto, colocando no papel a desordem que havia dentro de mim. Depois, descobri que outras pessoas passavam pelo mesmo processo e sem conseguirem expressar os sentimentos, sentiam-se contempladas pela minha escrita.

Resolvi publicar. Mas, então, me vi diante de outro problema: quando encerrar um livro que fala sobre um luto que não se sabe "se" e "quando" acabará? Era preciso por um ponto-final, não ao luto, ao livro. A borboleta, um símbolo de metamorfose, mostrou-me que era hora de encerrar essa escrita, sem prejuízo de continuar a falar sobre a perda de minha mãe em muitas outras obras.

Como seguir em frente quando falta alguém tão essencial para nossa existência? Essa resposta, infelizmente, eu não tenho, mas ofereço minha palavra em forma de literatura para passar nas feridas de todas as pessoas que, assim como eu, estão tentando seguir com a vida apesar da morte.

Brasília, 1º de fevereiro de 2025.

Flávia Martins de Carvalho

é juíza de direito no Tribunal de Justiça de São Paulo e juíza auxiliar no Supremo Tribunal Federal (STF). Mulher preta e pobre da Baixada Fluminense, região periférica do Rio de Janeiro, além de juíza, tornou-se escritora, pesquisadora, professora e palestrante nas áreas de Direito e Literatura, Raça, Gênero e Teoria Jurídica. Formada em Comunicação Social e em Direito, é mestra em Direito pela Universidade Federal do Rio de Janeiro (UFRJ) e doutora em Direito pela Universidade de São Paulo (USP). Atuou como coordenadora adjunta do Fórum de Grupos de Pesquisa em Direito Constitucional e Teoria do Direito no período de 2011 a 2014. É conselheira consultiva do Instituto Brasileiro de Direito da Criança e do Adolescente (IBDCRIA--ABMP). Participou do Grupo de Trabalho sobre Questões Raciais no âmbito do Poder Judiciário, instituído pelo Conselho Nacional de Justiça (CNJ). Integra o coletivo que organiza o Encontro Nacional de Juízas e Juízes Negros (ENAJUN) e o Fórum Nacional de Juízas e Juízes contra o Racismo e todas as formas de Discriminação (FONAJURD). Foi coordenadora adjunta das obras "Desafios da Constituição: Democracia e Estado no Século XXI" (2011) e "O saber como resistência: I coletânea ENAJUN/FONAJURD" (2022). Durante a presidência do Ministro Luís Roberto Barroso (2023/2025), tornou-se a primeira juíza-ouvidora do STF. Nasceu no Rio de Janeiro em 11 de maio de 1974.

flaviamcarvalho_oficial